kailash

Wlada Kolosowa

Love trotter

Eine Weltreise rund um die Liebe

kailash

MIX
Papier aus verantwortungsvollen Quellen
FSC® C084279
FSC
www.fsc.org

Verlagsgruppe Random House FSC® N001967
Das für dieses Buch verwendete FSC®-zertifizierte Papier
Tauro liefert Papier Union.

1. Auflage
Originalausgabe

Redaktion: Judith Henke
Umschlaggestaltung: ki 36, Editorial Design,
unter Verwendung einer Illustration von Daniela Hofner und
iStockphoto sowie Porträtfotos von Wlada Kolosowa
Gestaltung Innenlayout: ki 36, Editorial Design
Fotos Innenteil: © Wlada Kolosowa bis auf S. 196 unten
und S. 234 Mitte © Nadine Lipp
Satz: EDV-Fotosatz Huber/Verlagsservice G. Pfeifer, Germering
Druck und Bindung: Print Consult, München
Printed in Slovak Republic
ISBN 978-3-424-63085-5
www.kailash-verlag.de

Für S.

Inhalt

Vorwort

Die Minutenzeiger schneiden ein immer größeres Stück von unserer letzten Stunde ab. Noch zwanzig Minuten, bis ich zum Flughafen muss. Noch sechzehn Minuten. Noch fünfzehn Minuten und 56 Sekunden. 55. 54.

In drei Stunden geht mein Flieger nach Kairo. Mein Freund und ich haben uns vor dem Schellen des Weckers in seinem Bett verschanzt, unsere Körperteile verknotet wie ein Topf Spaghetti. Ein Klumpen aus Beinen, Armen, Decke, Füßen und Knubbelknien, seinen Locken und meinen Schnittlauchhaaren, ein Klumpen, der sich bald für Monate trennen wird.

Ich fahre los, um Liebesgeschichten aus aller Welt zu sammeln: Ägypten, Türkei, Iran, Kambodscha, China, Brasilien, Russland, USA. Fünf Monate, fünf Kontinente. In den Moscheen von Teheran will ich nach der Liebe suchen, in den Wolkenkratzern von New York, auf dem Basar von Kairo, am Strand von Rio de Janeiro, in der Pekinger U-Bahn, in Moskauer Studentenwohnheimen und im kambodschanischen Regenwald.

Ich habe mir schon immer gern Liebesgeschichten angehört, von Freunden, Bekannten und gänzlich Unbekannten. Irgendwann fing ich an, sie festzuhalten. Ich schrieb eine Liebeskolumne für Spiegel Online; und für jetzt.de, dem Jugendmagazin der Süddeutschen Zeitung, habe ich mit insgesamt 60 Menschen über ihre Beziehung gesprochen.

Und Reisegeschichten liebe ich mindestens genauso wie Liebesgeschichten. Seit ich in der fünften Klasse Jules Verne gelesen habe, träume ich von einer großen Expedition. Leider hat das Leben meist mieses Reise-Timing: Hat man Zeit, fehlt das Geld. Hat man Geld, fehlt die Zeit. Hat man endlich beides, irgendwann im fortgeschrittenen Rentenalter, fehlen funktionierende Kniescheiben. Zu Hause hat man Fernweh, und wenn man zum Flughafen muss – hat man keinen Bock.

Aber zum ersten Mal in meinem Leben hatte ich keine Ausrede: Ich hatte genug Geld für die Flüge beisammen und genug Mut, mich von meinem Job am Büroschreibtisch zu verabschieden. Die Knie waren in Betrieb, der Rücken beschwerte sich noch nicht angesichts von Doppelstockbetten und Klappsofas.

Und trotzdem mischten sich skeptische Stimmen in den Lockruf der fernen Länder: Wie hält man sich selbst fünf Monate lang aus – so ganz ohne Aufgabe? Waren Weltreise-Individualisten wie ich nicht alle unglaublich gleich, mit ihren Ponchos und Lonely Planets? Ans andere Ende der Welt zu fahren, um sich über billiges Essen und kaputte Häuser zu freuen, das schien mir irgendwie zu wenig.

Also beschloss ich, die beiden Sachen zu vereinen, die ich am liebsten tat: reisen und über die Liebe quatschen. Wann immer es ging, wollte ich bei Einheimischen übernachten, und mit ihnen darüber reden, wie es um die Herzensangelegenheiten in ihrem Land bestellt ist. Welche Kosenamen flüstern sich Verliebte in Ägypten zu? Streiten sich brasilianische Paare darum, wie viel Prozent Fett die Milch haben soll? Und hat vielleicht ein Land in dieser Welt das Mittel gegen Liebeskummer gefunden?

Jetzt war ich ein Lonely-Planet-Individualist mit einer Minimission. Ich hatte ein Alibi fürs Gewissen.

Der Wecker klingelt wieder. Noch fünf Minuten.
»Und du bist dir wirklich sicher, dass du dir die ganze Liebessache nicht lieber aus der Nähe anschauen willst?«, fragt der Freund und deutet mit beiden Daumen auf seine Brust.
»Ganz, ganz sicher«, sage ich und schüttele den Kopf.
Der Freund verstand. Er wäre sogar mitgekommen, wenn er nicht gerade seinen ersten, sehr ernsten Krawatten-Job angefangen hätte. Er spielte nicht die beleidigte Leberwurst, sondern wälzte stattdessen mit mir Reiseführer und drehte am Globus herum, um die Länder auszusuchen (die Kriterien: zu einem Drittel – spannende Liebesgeschichte; zu einem Drittel – bin noch nie dort gewesen; zu einem Drittel – Sonnenschein). Außerdem versprach er, mir in Brasilien Gesellschaft zu leisten. Aber natürlich bemüht er sich, kurz vor dem Abschied ein wenig motzig zu sein, damit wir vom Abreisedrama abgelenkt sind.
Es sind die Momente, in denen kleine Sachen ganz groß erscheinen und große Sachen ganz klein. Weltreise, pah. Meine Welt ist in diesem Bett! Seit anderthalb Jahren teilen wir es schon. Seit anderthalb Jahren wohnt meine Ersatzzahnbürste in seiner Wohnung, und am Wochenende auch ich. Es ist ein Sonntagmorgen im Mai. Wäre es ein ganz normales Wochenende, wir würden noch schlafen, bis uns die Sonne im gardinenlosen Fenster aus dem Bett schmeißt. Wir würden aufstehen, oder auch nicht. Wir würden klumpige Pfannkuchen machen. Wir würden uns darüber kabbeln, wer das blaue Hemd tragen wird: er, der rechtschaffene Besitzer, oder ich, die mal wieder zu wenig Klamotten mitgebracht hat. Wir würden wetten, wer für zwei Euro das hässlichste Ding auf dem Flohmarkt vor unserer Haustür bekommt. Oder poppende Hunde im Park angucken. Oder einfach zusammen ausdauernd gar nichts machen.

Der Wecker klingelt wieder. Wir schmus-snoozen weiter, bis für Drama überhaupt keine Zeit mehr bleibt.
Das ist ein Teil der Strategie: Man hat keine Zeit vor Abschiedsschmerz zu sterben, wenn man gleichzeitig Strumpfhosen anziehen, Zähne putzen und überlebenswichtigen Last-Minute-Kram wie den Augenbrauenzupfer im Rucksack verstauen muss. Zusätzlich verpassen wir noch den Bus, damit es spannend bleibt.
Aber als wir endlich losfahren, verschwindet der Freund unter dem Bussitz, kramt in der Tasche, und als er wieder hervorkommt, hat er eine schäumende Flasche Sekt in der Hand. »Trink«, sagt er nur, und das ist gerade genau das Richtige. Normalerweise verstärkt Alkohol nur emotionale Grundzustände. Sekt aber walzt alles zu Euphorie platt. Der Rest der Fahrt ist getränkt von Weltuntergangsfröhlichkeit und frühlingshafter Aufbruchstimmung.

Natürlich bin ich die Letzte, die eincheckt.
»Ein schlauer Mensch hat einmal gesagt: Abschiedsworte müssen kurz sein wie eine Liebeserklärung.«
»Komm wieder.«
»Mach ich.«

Wer sagt, dass nur Frauen tanzen können? Ein Dorfbewohner führt einen Bauchtanz auf.

Ein Hirte aus dem unaussprechbarem Dörfchen.

Ein Wüstengarten.

Ägypten

Ein Flüsschen fließt träge vorbei.

Ägypten

FAKTEN

Einwohner: 80,72 Millionen (2012)
BIP pro Kopf: 3 187 USD (2012)
Scheidungsrate: 40 Prozent
Geburtenrate: 2,81 Kinder pro Frau
Heiratsalter: Frauen: 22,7 (2012), Männer: 26,9 (2006)

Kosenamen

Habibi (für Männer), Habibti (für Frauen): Mein/e Geliebte/r, mein Schatz
Amira: meine Prinzessin
Roohy: meine Seele
Albi: meine Welt

Unübersetzbare Ausdrücke

Ya'aburnee (Arabisch): Du begräbst mich – ein Ausdruck der Hoffnung, dass man vor seinem Geliebten stirbt, weil es unmöglich wäre, ohne ihn zu leben.

Liebesweisheiten

Wenn dein Liebhaber aus Honig ist, iss ihn nicht ganz auf. (Soll heißen: Überstrapaziere nicht seine Güte.)
Wenn du stiehlst, stehle ein Kamel, wenn du liebst, liebe jemanden der so schön ist, wie der Mond. (Soll heißen: Wenn du etwas machst, dann richtig.)

Kairo: Dina und Nader – alle glücklichen Geschichten sind gleich

In Reisebüchern liebe ich diesen Moment, wenn der Protagonist zu seiner Mission aufbricht, und die Flughafenlichter langsam unter den Wolken verschwinden. Große Gedanken pflügen seine Stirn; seine Augen blicken in die Ferne, die vor ihm liegt. Im wahren Leben läuft das so: Man ext vor den Sicherheitskontrollen die anderthalb Liter Wasser (zusätzlich zum halben Liter Sekt), gräbt Münzen aus den Hosentaschen und macht sich Sorgen. Große Fragen deromantisieren den großen Moment. In welcher Hosentasche liegt der Pass? Schaffe ich es vorher nochmal auf die Toilette? Und wie habe ich mir das eigentlich alles vorgestellt? Einfach mit dem Finger auf den Globus tippen, dorthin fliegen und schon laufen mir die Liebenden in die Arme, um mir ihre Geschichten zu erzählen?

Aber genau so passiert es. »Fliegst du zum ersten Mal nach Kairo?«, fragt mich eine Aschenbecher-Stimme, als wir am Gate warten. Deren Besitzerin heißt Dina*, hat einen Kopf voller wilder Locken und sieht aus wie Ronja, die Räubertochter, in ihren Mittzwanzigern.

---

* Name geändert.

Früher war Dina bestimmt eines dieser Rabauken-Mädchen, mit denen man in der Grundschule zwingend befreundet sein wollte, weil sie schon damals wussten, wie man knutscht und Omas Melissengeist trinkt. Dina ist sehr laut, lebendig und kann jeden zu allem überreden. Und das Beste: In fünf Tagen heiratet sie.
Als wir ins Flugzeug steigen, bequatscht Dina die Stewardess, sie auf einen Platz neben mich zu setzen, und flößt mir hochprozentigen Mandellikör aus diesen kleinen Fläschchen ein, die es nur im Flugzeug gibt, zusammen mit einer hochkonzentrierten Version ihres Lebens. Sie ist 27, halb Ägypterin, halb Deutsche, studiert Psychologie und managt ein Bekleidungsgeschäft. In Berlin war sie, um sich ein Hochzeitskleid von Kaviar Gauche zu kaufen.
Nach zehn Minuten habe ich das Gefühl, Dinas Biografie schreiben zu können. Nach fünfzehn Minuten lädt sie mich zu ihrer Hochzeit ein. Nach einer halben Stunde beschließt sie, noch am gleichen Abend eine Willkommensparty für sich und mich zu schmeißen. Nach 31 Minuten schläft Dina ein und pfeift leise auf einem Nasenloch. In meinem Kopf macht sich eine angenehme Leere breit, aus der mich erst das Landungsruckeln des Flugzeugs wieder herausreißt.
Im Duty-free-Bereich beladen wir einen Einkaufswagen randvoll mit Alkohol, den wir dann im Kofferraum von Dinas Freund abladen. Nader ist älter als sie und hat ebenfalls einen deutschen Elternteil. Er ist höflich, hat kluge Augen und spricht so bedächtig, als würde er jedes Wort erst prüfend vorkauen. In seiner Anwesenheit wird Dina weicher, zarter. Ein Wirbelwind, der plötzlich leicht wie eine Brise weht.
Wir fahren in das Haus von Dinas Eltern in Heliopolis, einem wohlhabenden Teil von Kairo. Dina und Nader wohnen noch nicht zusammen: Vor der Heirat sei das sehr schwierig. Dafür

hat Dina heute sturmfrei. Ich blicke mich neugierig um. Nour, ihr Bruder, bewohnt eine Einliegerwohnung, obwohl er jünger ist. Dinas Zimmer grenzt ans Wohnzimmer. Zufall? Oder genießen Männer tatsächlich mehr Freiheit?

»Warum habt ihr beide überhaupt Doppelbetten, wenn niemand bei euch übernachten darf?«, frage ich. In Ägypten gebe es viele Dinge, sagt Dina, die es eigentlich nicht gibt: Reizwäsche unter den züchtigen Kleidern, Prostitution, dunkle Ecken zum Rummachen, im stillen Mitwissen der Eltern beim Freund übernachten, solange man eine einigermaßen plausible Ausrede vorweisen kann.

Anstrich sei oft das Wichtigste: Paare aus der Mittelschicht, die miteinander schlafen und dennoch seriös wirken wollen, können zum Beispiel eine Urfi-Heirat vollziehen – eine Art inoffizielle Eheschließung. In der Oberschicht gilt meistens: Alles erlaubt, solange es niemand sieht. Selbst die liberalste Frau wird ihrem Ehemann kaum etwas von ihren früheren Abenteuern erzählen. Und bei der Hochzeit werden die Freunde, die früher deine Haare über der Toilettenschüssel hielten, und mit dir über dem Schwangerschaftstest bangten, auf deine Ehre trinken.

Ami Mowafi, die eine Kolumne für das Magazin Enigma schrieb – eine Art Cosmopolitan der arabischen Welt –, formuliert es so: »Jede von uns ist eine Jungfrau (solange das Gegenteil nicht bewiesen werden kam), ein (gefallener) Engel, eine Ehefrau in Ausbildung; ein gutes Mädchen in der Mache. Wir haben nie einen Tropfen Alkohol angerührt (bis uns jemand dabei erwischt) und noch nie eine Zigarette geraucht (vor unseren Eltern).« Mowafi stellt sich folgende Frage: »Wenn all die arabischen Männer ihre Jugend damit verbringen, stolz ihre Saat zu streuen und jede arabische Frau sagenhaft züchtig ist – wo genau wird diese Saat geerntet?«

Ja, wo? Dina zuckt mit den Schultern. »Hinter verschlossenen Türen und halb zugedrückten Augen«, sagt sie. »Es ist keine Sünde, vor der Ehe Sex zu haben. Sünde ist es nur, wenn andere es wissen.«

Inzwischen bevölkern zehn Menschen den Innenhof. Flaschen gehen herum, Mädchen sitzen auf den Schößen der Jungs. Es sieht aus wie eine normale Minihausparty in Berlin. Nur dass es sich hier um eine sehr, sehr kleine Schicht handelt, die die U-Bahn in Kairo noch nie von innen gesehen hat. Einfach so zum Spaß zu knutschen und sich die Hörner abzustoßen ist das Privileg der wenigsten. Irgendwie scheint es besonders ungerecht: In Deutschland ist zumindest Rummachen eines der wenigen Dinge, die nicht direkt mit dem sozialen Status zusammenhängen.

In Kairo lernen sich viele Mittelschichtspaare an der Universität kennen. Aber vor allen Dingen in kleinen Städten ist die Salonheirat immer noch weit verbreitet: die Anbandlung, bei der der unbekannte Bräutigam in spe zusammen mit seinen Eltern im Wohnzimmer der Braut vorspricht.

Aber auch die Oberschicht hat es nicht leicht, erklärt ein Mädchen, das auf Nours Schoß sitzt. Der Weg durch dieses Niemandsland zwischen Jungfrau und Hure sei schmal und steinig. Man dürfe nicht prüde erscheinen, aber auf keinen Fall einfach zu haben sein, schlau, aber nicht zu schlau. Durchsetzungsstark, aber nicht zu selbstbewusst. Weil viele lieber das kleine, hübsche, stille Mäuschen mit dem reichen Vater wollen.

Eigentlich hatte Dina nicht vor zu heiraten. Sie schmachtete die Männer nicht an, sie beneidete sie höchstens um ihre Freiheiten. Und wenn sie die vielen ehrgeizigen Mädchen sah, die alles aufgaben, um eine Kinderaufzucht zu starten, hatte sie erst recht keinen Bock. »Es gibt viele junge Frauen, die im Studium super-

ambitioniert sind. Aber eigentlich gehen sie nur an die Uni um zu heiraten«, erzählt sie. »Heiraten ist die einzige Möglichkeit, Kinder zu haben, eine Familie zu gründen, ohne schiefe Blicke zu ernten.«
Und warum änderte sie ihre Meinung? Bei ihrer eigenen Geschichte wird Dina zum ersten Mal still. »Du weißt ja: Alle glücklichen Geschichten sind gleich«, sagt sie, aber dann erzählt sie doch. »Unsere Freunde meinten, wir sollten uns kennenlernen, weil er auch zur Hälfte Deutscher ist. Ich war die Letzte, die sich verkuppeln lassen wollte. Aber dann … dann war es einfach gut.« Keine Kämpfe darum, wie ein Mädchen zu sein hat, keine Spielchen, kein Tauziehen um die Macht innerhalb der Beziehung. »Plötzlich war das, was ich für unmöglich gehalten hatte, die einfachste Sache der Welt.«

Kairo: Nazir und Rania – aus einem Teig, aber unterschiedlich gebacken

Nazir* sieht erwachsener aus als vor einem Jahr, drahtiger. Aber er umarmt mich genauso überschwänglich und mit der Kraft einer Schrottpresse. Er lacht sein bellendes Lachen und kann es kaum fassen, dass wir uns tatsächlich wiedersehen. Zum ersten Mal sehe ich ein Fältchennetz um seine grün-gelben Augen. Honigfarben nennt man solche in Ägypten.

Wir laufen zu einer Bude, in der Kuschari serviert wird – ein Kohlenhydrateninferno aus Linsen, Reis, Nudeln, Zwiebeln und einer Spur Tomatensoße. Im erbarmungslosen Licht der Neonröhren sehe ich die Kanten, die das letzte Jahr in Nazirs Gesicht gemeißelt hat. Die hautengen T-Shirts sind einem Hemd gewichen. Beides steht ihm gut. »Ein Geschenk von Rania«, sagt er, als ich sein Hemd kommentiere, und sieht plötzlich sehr müde aus. »Es tut mir leid. Ich habe keine Liebesgeschichte für dich. Wir haben uns getrennt.«

Ich bin sprachlos. Um ehrlich zu sein, habe ich Kairo als die erste Station meiner Reise ausgesucht, weil ich bei meiner Rei-

---

* Name geändert.

seplanung noch den Status »engaged« in Nazirs Facebook-Account sah.
Wir lernten uns 2011 in Kairo auf einem Magazin-Workshop kennen, als wir gemeinsam eine Geschichte über Revolutionshymnen recherchierten.
Nazir war damals 27, er hatte Englische Literatur studiert und arbeitete in der Kulturredaktion einer Onlinezeitung. Er war sehr respektvoll, sehr höflich, sehr fürsorglich. Er trieb mich in den Wahnsinn.
Obwohl Kairo im Juli nach der Revolution bei weitem nicht so chaotisch war wie heute, und wir uns meistens in Gruppen bewegten, benahm er sich, als sei die Stadt ein Schlachtfeld und er meine kugelsichere Weste. Wo auch immer wir hingingen: Er war um mich herum, wie eine zweite Haut – ohne mich dabei ein einziges Mal zu berühren.
Nazir konnte auf einer sechsspurigen Straße den Verkehr mit einer ausgestreckten Hand aufhalten. Er kündigte alle Straßenlöcher in kilometerweiter Entfernung an. All die schmierigen Blicke, nach denen ich mich am liebsten gewaschen hätte, tötete er mit einem Gegenblick. Leider tötete er auch jeden meiner Versuche, allein auf die Straße zu gehen. Nazir hatte eine übersinnliche Begabung, genau dann vor der Redaktionstür zu rauchen, wenn ich mich gerade rauszuschleichen versuchte.
Die einzige Gelegenheit, seinem wachsamen Auge zu entfliehen, ergab sich, wenn sein Handy sich in einem süßlichen ägyptischen Lied ergoss. Dann vergaß er für 20 Minuten die Welt um sich herum. Erst am fünften Tag eröffnete er mir, wer die Verursacherin meiner persönlichen Freiheitshymne war: Rania, seine Kollegin, für ihn das schönste Mädchen der Welt. Sobald er das Geld für die Ringe beisammenhatte, wollte er sich mit ihr verloben.

Rania arbeitete bei derselben Onlinezeitung wie Nazir, aber in einer anderen Redaktion. Zuerst sprachen sie nicht viel: Rania war eine Hierarchiestufe über ihm, sie hatte in London studiert und schüchterte ihn etwas ein. Alles, was Nazir über sie wusste, war, dass eine Sammlung von Katzenfiguren auf ihrem Tisch stand und dass sein Herz höher schlug, wenn sie den gleichen Aufzug nahm wie er.

Nazir hielt Rania für unerreichbar. Bis zu dem Tag, an dem vor dem Fenster plötzlich ein dicker Regenvorhang hing und für mehrere Stunden blieb. Der Sturm hatte die wuselige Stadt menschenleer gespült stattdessen flutete eine dickflüssige Suppe aus Gemüseschalen, Müll und braunem Dreckwasser die Straßen. Normalerweise kann man in Kairo keine drei Schritte laufen, ohne dass ein Taxifahrer anhält und einem seine Dienste aufdrängt. An diesem Tag aber waren plötzlich alle ausgebucht – erst recht in dem abgelegenen Stadtteil, in dem die Redaktion lag.

Nazir dachte, er sei der Letzte, der unter dem Vordach auf ein Taxi wartete. Aber dann trat Rania aus der Dunkelheit und fragte verschämt nach einer Zigarette. Sie saugte hastig daran, jeden Moment bereit, sie wegzuwerfen, sobald jemand kam. Aber die Straße blieb leer: kein Mensch, kein Taxi. Nazir wünschte, es würde für immer so bleiben: Es war gemütlich sich vorzustellen, sie beide wären die letzten Menschen auf der Welt, und hinter dem Regen zu reden, über Nazirs fünf Geschwister, über Ranias Katzen, über den Sinn des Lebens.

Als endlich ein Auto vor dem Vordach abbremste und Rania einstieg, lief Nazir eine Dreiviertelstunde durch den Regen und spulte die Unterhaltung in seinem Kopf zurück. Zu Hause schrieb er ihr sofort eine SMS, ob sie gut angekommen sei. Daraus wurden schnell Hunderte, Tausende. Geküsst haben sie sich aber erst Monate später, an seinem Geburtstag, vor den Pyramiden. Für ihn war es nicht der erste Kuss, aber »der erste richtige«. Für sie war es der erste. Danach wurden die »Fahrstuhlmomente« zu Nazirs Höhepunkten des Tages: 30 gemeinsame Sekunden in einem einsamen Aufzug vom Erdgeschoss in den fünften Stock, wo sie arbeiteten.

Rania lernte ich ebenfalls 2011 kennen. Sie, Nazir und ich gingen zu dritt ins Ägyptische Museum. Rania hatte Apfelbäckchen, trug ein pink-braunes Kopftuch und ein pinkes T-Shirt mit einer Cartoonkatze darauf. Höflich bestaunten die beiden mit mir jede Scherbe, obwohl klar war, dass sie nur Augen füreinander hatten. Um ihnen einen zweisamen »Museumsmoment« zu lassen, schloss ich mich einer Führung an.

Als der Guide uns in den Schmuckraum brachte, sah ich sie wieder. Nazir führte Rania gerade von einer Glasvitrine zur anderen und rückte sie so hin, dass ihr Spiegelbild im Glaskasten die schweren Pharaonencolliers trug. Sie waren ein schönes Paar: Er stark und sehnig wie ein Windhund; sie klein, pausbackig, lebendig, an ihrem Hals Prachtketten längst vergangener Königreiche.

Echten Goldschmuck konnte Nazir sich nicht leisten. Vielleicht sei es daran gescheitert, sagt er.

Im Juli 2011 verlobten sie sich, ein Riesenschritt: »Es ist eine Sache, Küsse und Geheimnisse zu teilen«, sagt Nazir. »Und eine andere, Familien zu teilen.« Es sei der größte Moment in seinem Leben gewesen, erinnert sich Nazir, zum ersten Mal vor den Augen der Eltern nebeneinanderzusitzen. Mit der gesamten Familie fuhren sie auf einer Feluke, einem traditionellen Boot mit Musik, den Nil herunter. Vor der Bootsnase lagen die dreckigen Wellen, vor ihnen die Zukunft.

Doch die Zukunft trat nie ein. Die Hochzeit war für 2013 geplant, aber es war klar, dass er bis dahin nicht das Brautgeld beisammenhaben würde. In Ägypten müssen beide Parteien Geld in die Ehe einbringen, aber der Mann trägt meist den größeren Teil und muss eine Wohnung bereitstellen. Rania sagte jeden Tag, dass Nazir mehr arbeiten solle, aber die Wirtschaftsflaute machte es unmöglich, einen zweiten Job zu finden, oder eine Wohnung, die er bezahlen konnte.

Sie stritten. Aus ihrem Mund kamen nur Beschimpfungen. Seine Lippen wurden von ungesagten Worten schmal.

»Rania und ich waren aus einem Teig«, sagt Nazir, »aber sehr unterschiedlich gebacken.«

»Hast du das nicht gleich bemerkt?«, frage ich.

»Kennst du diesen schiefen Turm, der bei euch in Europa steht?«

»Den Schiefen Turm von Pisa?«

»Ich glaube, so heißt er. Also, wenn man von außen schaut, sieht man sofort, dass er krumm ist. Aber wenn man oben steht, soll der Ausblick trotzdem sehr schön sein, habe ich gehört. Ich glaube, wir haben zu sehr an die Zukunft gedacht, an die Hochzeit und die Kinder, und nicht gemerkt, dass die ganze Beziehung schief ist.«

Nach einem Riesenstreit, nach dem alles endgültig kaputt schien, ignorierte Rania drei Tage lang seine SMS. In seiner dritten schlaflosen Nacht schrieb Nazir ihr: *Wenn ich Dir irgendwas bedeute, irgendwas, schick mir eine SMS. Ein Wort. Egal welches. Einen Punkt. Oder ein Ausrufezeichen. Aber lass von Dir hören.*

Sein Handy blieb stumm. Erst zwei Tage später meldete sie sich, mit einer Einladung zum Familienabendessen, um alles gemeinsam zu besprechen. »Aber es war zu spät. Ich bin ein Mann der Entscheidung. Wenn es auch nur einen Moment gab, in dem ich ihr nichts wert war, ist die Beziehung nicht zu retten.«

Nazir ging nicht zum Abendessen, wechselte seinen Job. Im alten Büro konnte er nicht einmal mehr Fahrstuhl fahren, ohne dass sein Herz sich zusammenzog. Seit anderthalb Monaten sind sie nun getrennt: »Eine Verlobung ist wie eine Operation, die zwei Menschen aneinandernäht, ihre Zukunft und meine Zukunft«, sagt Nazir. »Die Amputation bringt dich fast um. Und damit ist es noch lange nicht vorbei. Ich habe manchmal immer noch Phantomschmerzen.«

Das nächste Mal will er sich von seiner Mutter verkuppeln lassen. »Liebe hat mit Emotion zu tun, Heirat mit Verstand«, sagt Nazir. »Die Alten haben von so was viel mehr Ahnung.« Er hat sowieso nicht vor, sein Herz wieder zu verlieren: »Wer sich einmal die Zunge an der heißen Suppe verbrannt hat, der pustet jetzt auch auf den Joghurt«, zitiert er ein arabisches Sprichwort.

»Du wirst sicher ein tolles Mädchen finden«, sage ich.

»Inschallah«, sagt Nazir. So Gott will.

Inzwischen habe ich meinen Erdbeersaft ausgetrunken und Nazir hat eine Schachtel Zigaretten geraucht. Ich schmiede strategische Pläne, wie ich es schaffe, meine Getränke einmal selbst zu bezahlen, aber es ist alles wie immer: Als wir gehen wollen, ist die Rechnung bereits beglichen. Nazir führt mich wie ein Bodyguard zurück ins Hotel.

Ich trotte ihm hinterher und denke darüber nach, was für ein riesengroßes Ereignis die erste Hochzeitsnacht in Ägypten sein muss. Wenige Stunden nach der Zeremonie hat die Frau zum ersten Mal Sex, wacht in einem neuen Bett auf, sieht zum ersten Mal einen nackten Mann, *ihren* nackten Mann, sieht wie er schläft, was er zum Frühstück isst, sieht seine dreckigen Socken, sucht die Lichtschalter in ihrer gemeinsamen Wohnung, findet sich in ihrem neuen Leben wieder.

Es fällt mir schwer, mir vorzustellen, zusammen mit jemandem Bettwäsche einzukaufen, bevor wir uns jemals in einem Bett gewälzt haben; ein Sofa auszusuchen, bevor man schläfrig-fummelnd zweihundert Filme auf der alten Couch miteinander geguckt hat. Vermutlich sind die Schritte der Choreographie einer Ehe überall auf der Welt gleich. Nur werden sie in den verschiedenen Kulturen in einer anderen Reihenfolge getanzt: die Eltern kennenlernen, zusammenziehen, miteinander schlafen, herausfinden, ob der andere lieber Kaffee oder Tee zum Frühstück trinkt, wissen, wie jemand ohne Boxershorts aussieht, zusammen verreisen …

Über gemeinsame Pfannen, Töpfe und Ewigkeitsversprechen gleich am Liedanfang würde ich stolpern. Und einer Ägypterin käme es wahrscheinlich komisch vor, sich gleich zu den ersten Takten der Melodie auszuziehen.

Wenn eine Eigentumswohnung in Deutschland die Voraussetzung wäre, eine Frauenbrust zu sehen, wären wohl alle meine männlichen Freunde noch Jungfrau. Ich selbst denke allein schon über das Zusammenziehen in eine gemietete Wohnung mit provisorischen IKEA-Möbeln seit anderthalb Jahren nach – ohne zu einem Schluss zu kommen. Nicht, dass schwerwiegende Gründe dagegen sprächen. Aber es gibt auch keine schwerwiegenden Gründe dafür, schon jetzt mit dem »Rest des Lebens« anzufangen, in dem man ein Klingelschild teilt. Die Hälfte der Woche verbrachten wir sowieso, als wären wir verheiratet. Und danach gingen wir jeder in die eigene Wohnung, um uns quer über das Bett auszustrecken und ungestört in der Nase zu bohren.

»Denkst du eure Beziehung hätte ohne den Heiratsdruck überlebt?«, frage ich Nazir.

»Gut möglich. Aber so wie ihr das in Europa macht, will ich das nicht haben. Es ist viel zu hart.«

»Wie meinst du das?«

»Bei euch ist man auf Probe zusammen: Vielleicht klappt's, vielleicht klappt's nicht.«
»Aber wenn es tatsächlich nicht klappt?«
»Dann tun wir unser Bestes, damit es das doch tut.«
»Und all das gemeinsame Hab und Gut ist die Garantie, dass man hart genug daran arbeitet? Das Vorhängeschloss der Beziehung sozusagen?«
»Ja. Wenn man sich dieses Vorhängeschloss denn leisten kann.«
Dann presst er mich wieder in seine Schrottpressen-Umarmung.
»Bitte verstrick dich in keine Abenteuer. Versprochen?«
»Versprochen«, sage ich.
Am nächsten Tag werde ich gekidnapped.

Eine sehr einfache Liebesgeschichte

Es ist kurz vor fünf Uhr morgens, und das Auto braust mit 120 Stundenkilometern durch die Morgendämmerung, immer weiter weg von der Innenstadt. Niemand reagiert auf mein Flehen anzuhalten, selbst als ich äußerste Blasennot simuliere.
»Ich muss ganz dringend raus!«, winsele ich von der Rückbank. »Ich muss so stark pinkeln, dass ich mir gleich in die Hose mache!«
»Später«, sagt Aladin, und das Auto fliegt weiter durch die menschenleeren Straßen Kairos.
»Bitte, mir ist ganz schlecht!«, flehe ich.
»Wir sind gleich da«, sagt Aladin bestimmt und beugt sich herunter zum Ohr des Fahrers, woraufhin dieser das Pedal noch weiter durchdrückt.
Ich weiß nicht, wovor ich mehr Angst habe: davor, dass meine Entführer mich an einen Ort bringen, von dem meine Eltern nie erfahren werden? Oder davor, dass sie ihn doch erfahren und mir bis ans Lebensende Predigten über meine Blauäugigkeit halten? Zu einem fremden Mann ins Auto steigen, um Liebesgeschichten in seinem Heimatdorf zu sammeln? Ich bin dumm. Dumm. Dumm. Dumm. Und viel zu stolz, um nach Hilfe zu rufen. Ich habe noch immer nicht mein Handy gezückt, um Nazir eine Hilfe-SMS zu schicken.

Andererseits: Was sollte ich auch schreiben? Als ich mir beim Einsteigen das Kennzeichen merken wollte, stellte ich fest, dass ich seit dem letzten Sommer alle arabischen Zahlen verlernt habe. Der Name des Dorfes ist eine Aneinanderreihung knarziger Silben, die ich niemals im Gedächtnis behalten könnte, geschweige denn verschriftlichen. Und wer sagt, dass Aladin wirklich Aladin heißt?
Ich lernte ihn an meinem ersten Nachmittag in Kairo kennen, als ich allein durch die Innenstadt wanderte – und Nazirs Begleitung ziemlich vermisste. Selbst mit Schlabberklamotten und Kopftuch war ich mit meinen blauen Augen und dunkelblonden Haaren eher Paradiesvogel als Chamäleon, begleitet von einem mehrstimmigen Chor: »Natascha! Nicole! How are you? I love you! Special price for you!«
Ich flüchtete in einen Innenhof, der leer war, bis auf einen Kerl in meinem Alter, und fotografierte Liebeserklärungen an einer Wand. Einige Initialen liebten einander, Omar war der Beste, jemand namens Eshe war »eine sexy bitch«.
Der Typ saß auf der Bordsteinkante und las Zeitung. Er trug trotz 28 Grad im Schatten eine Lederjacke und rauchte eine Zigarette, die er aus bereits gelesenen Zeitungsblättern drehte. Die ersten Worte, die er auf Englisch zu mir sagte, sprach er deutlich und mit feierlicher Miene.
»Wie. Geht. Es. Dir?«
»Danke, gut.« Ich hatte es geschafft, genau vier Minuten allein zu sein.
»Willst du besseres Graffiti?«, sagte der Kerl. »Ich zeige dir!«
»Danke, nein.«
»Keine Sorge. Ohne Geld. Ich möchte nur Englisch üben.«
»Vielen Dank, aber ich wäre lieber allein«, sagte ich. Mein Reiseführer hatte mich ausführlich vor eifrigen Englisch-Lernern gewarnt.

»Schönen Tag dir«, sagte er. »Mehr Graffiti: links und dann rechts, und dann fünf Minuten laufen.«
Ich machte ein paar Schritte in die angegebene Richtung, schämte mich aber sofort für die misstrauische Haltung, die ich mir schon nach drei Stunden Alleinreisen angewöhnt hatte, und drehte mich um.
»Wie heißt du eigentlich?«, fragte ich.
Er hieß Aladin, studierte Archäologie, und er konnte nicht verstehen, warum Menschen aus Deutschland ständig verreisen wollten, wegfahren aus diesem Land, in dem es an nichts fehlte. Noch weniger verstand er, warum ich morgen in ein ägyptisches Dorf fahren wollte, um dort nach Liebesgeschichten zu fahnden.
»Einfache Menschen – einfache Geschichten«, sagte er. »Nicht viel zu schreiben.«
Aber wenn ich schon fahren musste, dann nur mit ihm. 30 Minuten nach unserem Kennenlernen fühlte er sich schon vollkommen verantwortlich für mein Schicksal. Er würde mich am nächsten Tag um 4.30 Uhr abholen, sagte er, zu einem Trip in sein Dorf. Keine Widerrede, Bus und Taxi seien viel zu gefährlich.
Warum sie gefährlicher sein sollten als diese Schrottkiste, die jetzt mit Formel-1-Geschwindigkeit über löchrige Straßen brettert, fällt mir nicht mehr ein. Im Rückspiegel ist Kairo nur noch ein Nadelkissen voller Minarette. Noch mehr Sorgen bereitet mir Aladins gehetzter Gesichtsausdruck. Als ich 15 Minuten zu spät zur verabredeten Stelle kam, erhob der gestern noch so sanfte Kerl sogar seine Stimme. In Dörfern ticken die Uhren doch langsamer, oder? Warum hetzen wir dann hin wie Frankfurter Manager, die zum morgendlichen Jour fixe zu spät dran sind?
Ein paar Kilometer hinter der Stadtgrenze macht das Auto eine Vollbremsung.

»Schnell! Raus! Sonst verpassen wir sie!«, schreit Aladin. »Scheiße! Ausgerechnet hier!«
Ich mache die Tür auf, trete auf eine leere Waschpulverpackung und stelle fest, dass um uns herum eine Müllhalde ist. Ich verstehe gar nichts mehr.
»Himmel! Schau auf den Himmel!«, brüllt Aladin.
Und dann verschlägt es mir den Atem. Die Sonne taucht langsam hinter der Müllhalde auf und schwimmt im Himmel wie eine Blutorange in einer Schüssel Milch. Ich habe noch nie eine so rote Sonne gesehen.
Aladin setzt sich auf einen kaputten Kühlschrank, zieht ein langes Gesicht und sieht einem Entführer überhaupt nicht mehr ähnlich.
»Ich wollte dir den Sonnenaufgang an einem schönen Ort zeigen, aber bis dahin sind es noch zehn Kilometer. Du kamst ja zu spät«, sagt er. »Und jetzt …! Ach! Alles Müll. Romantik kaputt.«
Er kickt einen leeren Milchkarton weg und kratzt sich die flaumigen Wangen.
»Ist dir immer noch schlecht?«, fragt er dann. Ich schäme mich in Grund und Boden für meine Angst.
»Ich, also … Jedenfalls: Danke!«
In der Ferne heult ein Hund.
Wir fahren noch 20 Minuten mit dem Auto, dann verabschiedet sich unser Chauffeur, der sich als Aladins Onkel entpuppt. Für die Weiterfahrt halten wir einen Lastwagen an – natürlich kennt Aladin den Fahrer – und tuckern auf der Ladefläche weiter ins Dorf.
Man sagt, es sei so ruhig auf dem Land. Das ist Blödsinn. Es gibt Hahnengeschrei, Mopedmotoren, Ziegengemecker. Als wir gegen sechs Uhr ankommen, ist die Siedlung so wach, wie ein verpenntes Dörfchen nur sein kann. Für den Reisenden, der sich einfach zurücklehnen und nichts tun will, wäre dieses Örtchen

ideal – es gibt hier einfach nichts zu tun. Esel ziehen Schubkarren, Palmen wiegen sich im Wind, ein Flüsschen fließt träge vorbei: braune Soße mit Plastikklumpen. Die Häuser sehen aus, als würden sie in Slow Motion wetteifern, welches zuerst zusammenbricht. Hier und da sind kaputte Möbel und Baumaterialen in der Landschaft verstreut, wie Überreste des Umtrunks einer höheren Macht.

»Ist es nicht manchmal deprimierend, hier zu leben?«

Aladin lächelt bis über beide Ohren, und sagt stolz, als würde er mit einer wichtigen lokalen Sehenswürdigkeit angeben: »Und ob!«

Wir setzen uns draußen vor das einzige Café des Dorfes. Tische aus Plastik, Stühle aus Plastik, Teller aus Plastik. Nach Benutzung werden sie abgespült und weiterverwendet. Je nach Bedarf ist das Café eine Shisha-Bar, ein Eckladen, Restaurant, Festsaal oder Teestube. Am Wochenende wird getanzt. Um sechs Uhr morgens gibt es gebratene Kartoffeln, Eier, dünne Brotfladen, eingelegtes Gemüse und frisch frittierte Falafel; die Kichererbsen dafür stampft ein kräftig gebautes Mädchen in einem riesigen Steinmörser. Und Tee gibt es natürlich auch, literweise starken, süßen Tee aus bauchigen Gläsern.

Aladin kommt aus dem Hallo-Sagen kaum heraus – als einer der wenigen im Dorf, die zur Uni gehen, ist er eine lokale Berühmtheit. Er muss mit jedem Tee trinken und zwei Mal Haschisch rauchen.

Ich trinke mein fünftes Glas Tee, gucke das Dorf an und das Dorf guckt mich an. Frauen mit Backblechen voller Brot auf dem Kopf und unzähligen Tüten in ihren Händen finden dann doch zwei Finger, um mich in die Backe zu zwicken. Ein Esel probiert mein grünes Kleid. Arbeiter mit entblößten Oberkörpern, die zu zwanzigst auf der Ladefläche eines Lastwagens irgendwohin gekarrt werden, drehen kollektiv ihren Kopf in meine Richtung, senken aber synchron das Haupt, sobald ich ihren Blick erwidere. Im Gegensatz zu Kairo traut sich niemand, mich anzusprechen.

Außer einem ziemlich schmutzigen Krabbelkind. Das robbt auf dem Boden herum und isst unter der Aufsicht seines Vaters, des Sohns des Cafébesitzers, ein paar Staubflusen von der Erde. Omar heißt das Kind, Hossam sein Papa. Er ist 21 und verheiratet mit dem Mädchen, das vorher die Kichererbsen stampfte. 17 Jahre ist sie, oder 18, so genau weiß es Aladin nicht. Wie sie heißt, weiß er auch nicht – das gehört sich nicht. Wenn er sie anspricht, nennt er sie »Frau von Hossam« oder »Mutter von Omar«. Bevor es Hossam oder Omar gab, nannte er sie »Tochter von Ahmad«. Den richtigen Namen zu kennen ist nur den engsten männlichen Verwandten und dem Ehemann vorbehalten.

Die Geschichte von Hossam und seiner Frau ist tatsächlich schnell erzählt. »Liebst du sie?«, frage ich, und Aladin übersetzt. Hossam zuckt mit den Achseln. »Sie ist eine gute Frau«, sagt er. Als er ins heiratsfähige Alter kam, hat seine Mutter ein Mädchen aus dem Dorf ausgesucht, die Tochter eines Bauern. Hossam schaute sie an und fand sie schön genug. Dann kamen die Familien zusammen und regelten die Finanzen: wie viel Hossams Familie bezahlt, was die Frau in die Ehe mitbringt, wie viel Geld der Ehefrau im Falle einer Scheidung zusteht. Zur Hochzeit kamen 500 Menschen. Anderthalb Jahre später kam das Baby zur Welt. Keine besondere Sache. So hat es Hossams Vater gemacht, so hat es dessen Vater gemacht, und so wird es auch Omar machen.

»Liebst du ihn?«, frage ich die Frau mit Aladins Hilfe. »Es geht mir gut mit ihm.« »Bist du glücklich?« Sie lacht, zwickt mich in die Backe, und widmet sich wieder ihren Kichererbsen. Dann ruft die Schwiegermutter, und sie verschwindet in den hinteren Räumen. Vielleicht fand sie meine Frage nach dem Glück zu hochtrabend. Vielleicht ist diese Frage hier auch gar nicht so wichtig. Nicht, dass man in diesem Dorf nicht lacht oder weint und generell das Erste vorzieht. Aber vielleicht ist Glück hier nicht das größte Kriterium, nach dem man sein Leben beurteilt. Vielleicht macht man sich hier nicht so viele Sorgen wie bei uns, nicht das Maximum aus seiner Zeit auf der Erde zu quetschen. Glück ist hier nichts, wonach man sucht; nichts, was man vom Leben einfordert. Man nimmt das Leben wie es kommt, als etwas Gottgegebenes. Man macht seine Arbeit, das Frühstück am Morgen, das Mittagessen, ein Tag vergeht, eine Nacht, man stampft Kichererbsen, kocht Tee, ein weiterer Monat ist vorbei, ein weiteres Kind kommt, dann noch eins, die Enkelkinder, die Zukunft, der Tod. Das Flüsschen treibt Liter um Liter brackige Soße vorbei. Es scheint so einfach: Mann und Frau, vereint bis ans Lebenende, egal was kommt und wer was verbockt. Ich will nicht das Leben führen, das sie führt, aber manchmal wünschte ich, ich würde wollen, was sie will. Das Leben scheint aus dieser Perspektive irgendwie einfacher.

Vielleicht fehlt mir aber auch die Fähigkeit, mich in dieses Leben mit all seinen Härten zu versetzen, und der Wortschatz, genauer nachzufragen. Ich hätte Hossams Frau so gerne so viele Fragen gestellt. Ob sie verliebt ist. Ob sie jemals verliebt war. Ob sie gelacht oder geweint hat, als sie erfuhr, dass Hossams Familie der Heirat zustimmte. Aber sie flitzt schon wieder durch die Küche.

»Gibt es einen höflichen Weg, sie zu fragen, ob sie Angst hatte, das Bett mit einem Mann zu teilen, dessen Namen sie kurz zuvor noch nicht einmal kannte?«, frage ich Aladin.

»Wieso ist das was Besonderes? Ich habe gehört, dass man bei euch den Namen manchmal auch danach nicht weiß«, sagt Aladin.

Kairo: Warum man auf allen Hochzeiten tanzen muss

Die Ägypter sind ein hilfsbereites Volk: Gern weisen sie den Weg, besorgen die besten Falafel der Stadt oder eine fünftausend Jahre alte Mumie, schmieren einen Wärter oder heiraten dich – nicht unbedingt in dieser Reihenfolge. Ich bin also vorsichtig geworden, nach dem Weg zu fragen. Am Ende kriegt man gratis zu der Wegbeschreibung noch eine Pyramide dazu.

Aber diesmal habe ich mich rettungslos im Knäuel von Kairos Gassen verstrickt. Ein silberschläfiger Herr in magentarotem Hemd eilt zu Hilfe. Er stellt sich als ein Museumsdirektor vor und juchzt fast vor Freude, als er erfährt, dass ich Liebesgeschichten sammle.

»Meine Tochter …«, sagt er und muss vor Begeisterung erst mal Luft schnappen. »Meine Tochter heiratet morgen! Du musst unbedingt zur Hochzeit kommen!«

Es ist die dritte Hochzeit, zu der ich in den letzten vier Tagen eingeladen wurde, aber langsam wundert mich nichts mehr. Das Hochzeitsregister ist hier so dicht wie der Berliner Partykalender: Wenn es auf einer Hochzeit öde wird, geht man einfach auf eine andere. Auf vielen Hochzeiten zu tanzen ist kein Spleen, sondern eine Notwendigkeit: Hochzeiten sind Brautschauen, eine Petrischale für neue Hochzeiten. Kein Wunder: Unter den Hunderten eingeladenen Gästen werden sich sicherlich zwei einsame Herzen finden. Als ich einmal einem Ägypter erzählte, dass ich bisher nur auf einer deutschen Hochzeit war, die aus 40 Gästen bestand, schnaubte er verächtlich: »40? Das sind bei uns allein die eingeladenen Nachbarn!«

Der Direktor zupft an meinem Ärmel. »Am besten, du lernst meine Tochter sofort kennen«, drängt er. »Mein Museum ist nur drei Minuten von hier entfernt. Komm! Komm!«

Eigentlich habe ich mir geschworen, mich auf keine Einladungen mehr einzulassen, aber der alte Herr ist so aufrichtig begeistert, und ich bin schon ein wenig neugierig auf die Braut: Vielleicht zeigt sie mir ja ihr Hochzeitskleid, oder erklärt mir ein paar Bräuche …

Das Museum ist so klein und eng wie eine Küche. Entlang der Wände stehen Regale voller bedruckter bräunlicher Rollen, wie ich sie aus den Souvenirshops kenne, ein Bügelbrett und ein Klappsofa. Darauf sitzen zwei dicke Mittzwanziger mit dem gleichen apathischen Gesichtsausdruck, schauen fern und essen synchron Zwiebelringe aus einer Tüte. Sie sehen eher aus wie Geschwister und nicht wie Frischverliebte. Aber heißt es nicht, dass Liebende einander immer ähnlicher werden?

Sie lösen ihren Blick nur kurz vom Bildschirm, als ich eintrete. »Ja, das sind die Turteltäubchen!«, sagt der Direktor zu mir und dann etwas zu den beiden auf Arabisch. Sie umarmen sich.

Ich gratuliere zur bevorstehenden Hochzeit. Sie nicken, sodass sich ihre Kinne verdreifachen. Dann starren sie weiter in die Röhre. Außer einem Begrüßungsgrunzen kommt kein Laut aus dem Mund der Braut. »Sie ist sehr bescheiden«, erklärt der Direktor. »Und außerdem spricht sie kein Englisch. Wie heißt du eigentlich?«, fragt er mich dann.

»Wlada«, sage ich, und noch bevor die letzte Silbe verklungen ist, hat er mit dem Pinsel ein paar Hieroglyphen auf eine der Rollen gemalt: »Hier, ein Geschenk! Der Papyrus ist Hunderte Jahre alt. Kennst Du die Legende dahinter?«
»Danke, aber ich kann das leider wirklich nicht mitnehmen«, sage ich. »Ich habe eine weite Reise vor mir und die Gewichtsbeschränkungen …«
»Und wie heißt deine Mutter?«
»Ol… Nein! Bitte, keine Geschenke mehr!« Aber er hat schon die ersten Striche auf einem neuen Blatt gemacht.
»Ol… Und weiter?«
»Ich möchte bitte wirklich keinen Papyrus.«
»Aber doch sicher einen Tee?«
Schon steht eine Tasse mit Hibiskusblütentee vor mir, der so heiß ist, dass ich mindestens 20 Minuten im »Museum« bleiben muss, um ihn auszutrinken.
Der Museumsdirektor fängt an zu referieren: »Wir haben hier vorzügliche Exemplare aus dem …«
»Erzählen Sie mir bitte lieber von Ihrer Tochter.«
»Wieso von der?«
»Na, weil sie doch morgen heiratet«, sage ich.
»Ja, die Hochzeit! Die treibt die Eltern in den Ruin. Wie soll ich sie als armer Kunstliebhaber bezahlen? Normalerweise muss der Mann für die Wohnung aufkommen. Aber diese Weicheier heutzutage! Sie brauchen so lang, um das Geld zusammenzuhaben, dass die Braut fast eine Oma ist – und dann lassen sie sie fallen, weil sie 30 und nicht mehr heiratsfähig ist. Diese Kinder fressen mir die Haare vom Kopf! Wenn man seine Tochter an den Mann bringen will, muss man sich an allem beteiligen. Willst du denn nicht auch ein Hochzeitsgeschenk für die junge Liebe beisteuern?«

»Tut mir leid, ich habe leider kein Bargeld dabei.«
Das ist keine Lüge – nach meinem Ausflug in das ägyptische Dorf bin ich vollkommen blank. In meinem Portemonnaie sind ein paar kümmerliche Ägyptische Pfund, ein paar Euromünzen und ein Haargummi.
»Kein Problem! Du kannst dein Hochzeitsgeschenk auch mit Visakarte bezahlen«, sagt er und zieht aus einem Haufen Tassen, Pinseln und alten Zeitungen einen Kartenleser hervor.
»Entschuldigung, das geht wirklich zu weit!«
»Zu geizig für junge Liebe? Und wer bezahlt den Papyrus? Es kann gar nicht sein, dass du überhaupt kein Geld dabeihast!«
»Hier, bitte schön, Sie können nachschauen«, sage ich und halte ihm meinen offenen Geldbeutel hin.
Flink krallt er sich zwei Euromünzen und schabt den Rest des Geldes mit der Hand heraus. Dann beginnt er die Teetassen abzuspülen, obwohl meine noch halb voll ist.
»Wo ist denn die Hochzeit morgen?«
»Komm zum Bootsteg, dahin wo die Feluken abfahren«, sagt er und winkt in eine unbestimmte Richtung.
»Wann?«
»So gegen 23 Uhr. Oder 23.30 Uhr. Komm, wann du willst.«
»Meine Mutter heißt übrigens Olga.«
»Ach so?«, sagt der Museumsdirektor. »Also, dann … Wiedersehen!«
Zur Tür bringt er mich nicht. Nur die Braut winkt mit ihrer pummeligen Hand. Einen Ring entdecke ich daran nicht.

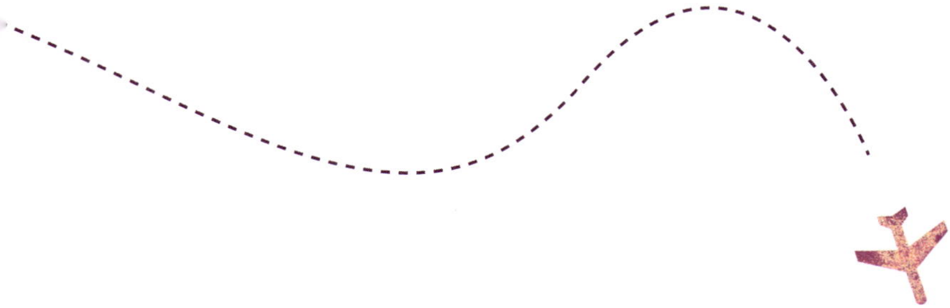

Alter Mopedfahrer auf den Prinzessineninseln.

Umarmen und Händchenhalten ist o.k. Geküsst wird auf den Straßen eher selten.

In Istanbul trifft Neu auf Alt.

Türkei

Selbst die strengen Eltern drücken ein Auge zu, wenn die Tochter einen Freund hat. Sein Foto trägt sie trotzdem lieber versteckt.

Türkei

FAKTEN

Einwohner: 74 Millionen (2012)
BIP pro Kopf: 10 666 USD (2012)
Scheidungsrate: ca. 20 Prozent
Geburtenrate: 2,06 Kinder pro Frau
Heiratsalter: Frauen: 24,2 (2008), Männer: 26,1 (2000)

Kosenamen

Aşkim: Schatz, mein/e Liebe/r
Güneşim: meine Sonne
Canim: meine Seele
Gözüm: mein Auge
Gülüm: meine Rose
Kalbim: mein Herz

Unübersetzbare Ausdrücke

Yakamoz: Dieses Wort bezeichnet etwas sehr Romantisches, für dessen Beschreibung man in anderen Sprachen deutlich mehr Worte braucht, es heißt: die Spiegelung des Mondes im Wasser.

Liebesweisheiten

Bevor du die Tochter heiratest, schau dir die Mutter an.
Ein Junggeselle fühlt sich wie ein Sultan.
Wer Rosen liebt, muss ihre Dornen aushalten.

Istanbul: Gökhan und Pelin – die Liebe und der strenge Gott

Es ist Mai in Istanbul, und es fühlt sich an, als sei immer schon Mai gewesen. Der Taksim-Platz ist voll von kichernden, händchenhaltenden, knutschenden Pärchen. Die Jungs haben sich eine festliche Extraladung Deo verpasst, an ihren Armen hängen Mädchen in langen Röcken und in kurzen, mit Kopftuch und ohne; manche verhüllen die Haare, aber tragen Klamotten so eng wie ein Neoprenanzug.

Irgendwie sind alle zu verliebt, um mit mir über die Liebe zu reden. Sevgi, die Freundin bei der ich wohne, ist frisch verknallt, und hängt die meisten Abende bei ihrem Freund ab. Die ledrige Baklava-Verkäuferin im Eckgeschäft hätte sicher viel über die Liebe zu sagen – ist aber leider taub wie ein Türknauf. Die Teenager, die ich auf der Straße anhalte, würden mir zwar gern mehr über die Liebe ihres Lebens erzählen, mit der sie seit zwei Wochen zusammen sind, dummerweise müssen sie aber um 20.30 Uhr zu Hause sein – und bis dahin ausführlich knutschen.

Die Rettung kommt per E-Mail. Gökhan – 25, Elektroingenieur mit akutem Liebeskummer – hat sich auf meine Onlineanzeige gemeldet. Er hat Zeit, er hat eine Trennungsgeschichte, er sehnt sich nach einem offenen Ohr.

Als wir uns in einem Café in Cihangir treffen – der Prenzlauer Berg von Istanbul –, wird klar, dass er seinen Kummer lang mit sich herumgetragen hat. Seine Geschichte sprudelt aus ihm heraus wie die Limo aus einer Dose mit Überdruck.
Pelin war schon immer das schönste Mädchen der Schule gewesen, erzählt er. Und jetzt ist sie noch hübscher geworden: der Körper einer Frau, das Gesicht eines Kindes, die Augen einer jungen Katze – grün und so vertrauensselig, dass Gökhan zum ersten Mal in seinem Leben nicht wagte, ein Mädchen bei der ersten Verabredung zu küssen.
Auf der Schule in Tekirdağ ist Gökhan zwei Klassen über ihr gewesen, so richtig kennengelernt haben sie sich damals aber noch nicht. Nach dem Abschluss zog er nach Istanbul, um Elektroingenieur zu werden. Drei Jahre hatte er schon dort gelebt, als eine Kontaktanfrage in seinem Live Messenger aufploppte: »Kennst du mich noch? Pelin« Sie chatteten die Nächte hindurch. Er starrte ihr Profilbild-Gesicht auf dem Bildschirm an und stellte sich vor, wie sie aussehen würde, wenn sie aus dem Computer heraustreten könnte. Und eines Tages war sie tatsächlich in Istanbul, dreidimensional, strahlend und zerstrubbelt von der zweistündigen Busfahrt. Sie liefen durch die Altstadt, durch den Park, irgendwann lagen sie im Gras, und dann … Okay, wenn man ganz ehrlich ist: Er hat sie zu küssen versucht, aber Pelin drehte den Kopf weg. Ein wahrlich tolles Mädchen! Sie meinte es ernst mit ihm! Zum Abschied umarmten sie sich, 25 Minuten lang. Ihren Körper loszulassen – so unmöglich, wie ein warmes Bett an einem Februarmorgen zu verlassen.
Danach ging alles sehr schnell: Pelin wechselte von der Universität in Tekirdağ nach Istanbul. Sie verbrachten jede wache Minute miteinander: vor, nach oder anstatt der Uni. Pelin war verwirrt und einsam in der Großstadt. Gökhan musste Tausende Rollen

gleichzeitig spielen: Er war ihre Mutter, der Held ihrer heißen Träume, ihre beste Freundin, ihr Hund, ihr Beschützer – und ihre größte Gefahr.

Zum ersten Mal verstand Gökhan, was Liebe ist: »Liebe ist: jemandem gleichzeitig die Jeans vom Leib reißen, und dem Grobian, der ihr die Jeans vom Leib reißen will, eins aufs Maul hauen zu wollen«, sagt er. Pelin war ihr Leben lang von den Feinden der Jungfräulichkeit gehütet worden: Alkohol, Gelegenheit, Dummheit. Ihre Familie war arm und religiös. Gökhans war wohlhabender: altes Geld, aber auch alte Sitten. Auch er war noch Jungfrau, mit 22.

Der erste Grund dafür war Gott. Gökhans Gott war kein Kumpel, den man um Rat fragt. Er war auch nicht der verständnisvolle Erwachsene, mit dem man vor dem Schlafengehen darüber diskutieren kann, dass die Keuschheitssache ein großer Quatsch ist, der Frauen dazu zwingt, jede Körperöffnung zur Verfügung zu stellen – solange es nicht die zwischen den Beinen ist. Gökhans Gott war ein strenger Gott. Einer, den man nur auf Knien um etwas bitten kann, und von dem man stets eine Backpfeife erwartet.

Der zweite und gewichtigere Grund waren die Mädchen. Sein Leben lang hatte Gökhan daran geglaubt, dass Großstädte voll von Frauen seien, die einfach so, zum Spaß, mit Männern schlafen wollen. Doch die Körper, die so nah waren, in den Discos, in den Minikleidern, waren gleichzeitig meilenweit entfernt. Knutschen – vielleicht. Aber Sex, das war ein kostbarer Rohstoff, Druck- und Lockmittel, eine Währung, die man gegen Geschenke und Freunde mit Autos eintauschte. Kein Mädchen bei Verstand würde dieses kostbare Gut einfach so, zum Spaß, verteilen.

Auch nachdem er mit Pelin zusammenkam, war es nicht einfach mit dem Sex. Es war, als würde Gökhan aus zwei Wesen bestehen, die sich ständig bekämpfen: einem warmen, sorglosen Tierchen und dem anderen, denkenden, sich erinnernden Ding. Er wollte Pelin, und er wollte Pelin vor ihm selbst beschützen, und irgendwann hat das denkende Ding geschlafen und sie miteinander. Danach fühlten sie sich leer wie nie zuvor. *Oh Allah, lass sie bitte nicht schwanger werden*, betete er stumm. *Allah, ich verspreche, mehr an dich zu glauben, wenn du mich nicht für dieses eine Mal Sex bestrafst.*

In den nächsten Tagen brach Pelin immer wieder grundlos in Tränen aus, starrte ins Leere, und wenn er sie irgendetwas fragte, zuckte sie zusammen, ihr Gesicht blass wie ein Fladenbrot. Auch er konnte nicht schlafen. Nach einer der vielen durchwachten Nächte hat er es schließlich getan: Er machte Gott das größte Versprechen seines Lebens. Er schwor ihm, dass er für den Rest seines Lebens mit diesem Mädchen zusammenbleiben werde, komme was da wolle, bis dass der Tod sie scheidet. Fast war es, als wäre sie seine Frau. Und mit seiner Frau zu schlafen, das war keine Sünde – das war ein Segen. Im Islam ist Sex nicht nur zum Kindermachen da. Sex zwischen Verheirateten gilt als Gottes Geschenk.

Danach konnte er sich fast physisch wachsen spüren. Sein Spiegelbild, hohläugig und hager, sah wirklich fünf Jahre älter aus als er war. Bewaffnet mit einem Strauß Blumen und einem Vanilleparfüm als Geschenk eilte er zu Pelin und erzählte ihr von dem Schwur. Zum ersten Mal seit Tagen lächelte sie. Später wird sie ihm sagen, dass sie die Blumen hasste und dass das Parfüm nach Raumlufterfrischer roch, aber zunächst war es egal: Sie schliefen wieder miteinander. Und wieder weinte sie. »Ich wusste, dass es nicht gut für uns beide war – aber ich konnte nichts gegen mich ausrichten.« Er strich ihr über die Haare und sagte, er würde sie nie, nie verlassen.

Fünf Monate später ging er nach Österreich: Auslandssemester. Erasmus-Orgasmus, so nannten es alle anderen. Dort gab es sie,

Mädchen jeder Nationalität und jeden Kalibers, die Küsse verteilten wie Werbeflyer in Fußgängerzonen. Doch der erste Satz, den Gökhan auf Deutsch lernte, war: Ich bin treu. Er haute das gesamte Taschengeld für Geschenke und Flüge nach Hause heraus, kaufte Pelin einen Computer, damit sie miteinander skypen konnten. Zwei Stunden täglich redeten sie miteinander. Stritten, meistens. Ihre Laptops klappten immer öfter mitten im Gespräch zu, immer lauter.

An Pelins Geburtstag wollte Gökhan ihr eine Überraschung machen und flog mit einem Koffer voller Geschenke nach Istanbul. Nachdem Pelin sie ausgepackt hatte, sagte er, dass er noch etwas ganz Besonderes für sie habe. Pelin machte die Augen zu, und als sie sie wieder öffnete, hatte er einen Kamasutra-Film auf seinem Laptop geöffnet. Sie drehte sich wortlos um und ging hinaus, und hier saß er nun: keine Freundin, kein Sex, im Hintergrund poppten Zeichentrickfiguren. Und dafür gab er alles auf? Die Partys in Österreich? Die Mädchen? Dafür verbrachte er jedes freie Wochenende in Istanbul, während andere Europa bereisten? Nicht, dass es Pelins Schuld wäre. Aber irgendwie war sie doch dafür verantwortlich.

Als er vorzeitig zurück nach Österreich kam, hatte der Mitbewohner gerade Sex in Gökhans Zimmer. Es war nicht auszuhalten. Nach fünf Monaten brach Gökhan sein Erasmus-Jahr ab – ohne Zeugnis, weil man das erst nach sieben Monaten bekam. Aber er dürfte Pelin nicht verlieren. Er hatte es geschworen.

Nach seiner Rückkehr nach Istanbul jonglierte Gökhan notgedrungen mit vielen Bällen gleichzeitig: Uniabschluss, Jobsuche, die Beziehung retten. Mit der ging es dennoch bergab. Eines Tages wollte er auf Pelins Handy nach der Uhrzeit schauen, und da war sie: eine SMS eines anderen Typen. Als er Pelin zur Rede stellte, gestand sie, dass sie im Urlaub jemanden kennengelernt hatte. Gökhan zwang sie, die Nummer zu löschen und ihre eigene zu ändern, aber es half nichts. Irgendwann sah er die Nummer des Kerls wieder auf ihrem Display.

Sechzehn Monate nachdem er Pelin gesagt hatte, dass er sie nie verlassen würde, war Gökhan bereit, sein Versprechen ihr gegenüber zu brechen. Doch einen Schwur gegenüber Allah bricht man nicht.

Als letzten Rettungsversuch buchte er eine Sitzung bei einer Paartherapeutin – für umgerechnet 150 Euro! Sie wurden getrennt in das Sprechzimmer gerufen. Pelin ging zuerst hinein und kam verweint wieder heraus. Später sagte sie ihm, dass die Therapeutin ihr zur Trennung geraten hatte, weil Sex ohne Trauschein ihre Psyche kaputtmachen werde. Sie blieb trotzdem bei ihm. Doch es fühlte sich an, als würden sie nur noch die Reste ihrer Beziehung verwalten.

Am Tag, an dem sie Schluss machten, wachte Gökhan früh auf, lange bevor der Wecker klingelte. Die Aufregung trieb ihn aus dem Bett. Heute hatte er ein Vorstellungsgespräch bei einem großen Telekommunikationsanbieter, es ging um seinen Traumjob. Beim Frühstück piepte sein Handy: »Deine Freundin wurde von einem Kerl von der Uni abgeholt«, schrieb ein Freund. Gökhan übergab sich. Dann putzte er seine Zähne, biss sie zusammen und absolvierte die Aufnahmetests. In der letzten Runde musste jeder Bewerber in 15 Minuten spontan eine freie Präsentation auf Englisch zusammenschustern. Er beschloss, darüber zu sprechen, dass die Firma in ihren Marketingkampagnen mehr Singles ansprechen sollte – anders als die Konkurrenz, die auf ihren Werbepostern nur knutschende Paare zeigte. »Millionen Singles leben in der Türkei«, begann er seinen Vortrag, »und hier steht einer von ihnen …«

Den Job hat er bekommen.

»Und der Schwur?«
»Wenn die Frau untreu ist, hat Allah Verständnis.«
»Und das Herz? Versteht's das Herz?«
»Weißt du, es gibt so viele pseudomathematische Formeln für die Dauer des Liebeskummers. Ein Tag für jede Woche, die ihr zusammen wart. Eine Woche für jede Woche. Irgendwann wird es einfach vorbei sein. Oder es wird nie vorbei sein. Ich weiß es nicht. Ich glaube, es wird immer weh tun, wie eine alte Schusswunde, die bei Regenwetter schmerzt.«
Als ich zurück zu Sevgi laufe, ist ganz Istanbul auf der Straße. Am Abend spielt Fenerbahçe gegen Galatasaray, die zwei Istanbuler Fußballteams mit den feurigsten Fans. Ich versuche, durch die Menschenwand durchzusickern. Die meisten auf der Straße sind unter 30, Jungen und Mädchen, Hand in Hand. Abgesehen von dem Kopftuch, das manche tragen, sehen sie nicht viel anders aus als in Berlin: Lederjacken, Röhrenhosen, iPhones. Sie umarmen sich, sie fassen sich gegenseitig an die jeansbespannten Hintern. Ihre Körper sind wandelnde Ausrufezeichen, Werbetafeln für Jugendlichkeit und Sex.
Natürlich kann man Werbetafeln nicht glauben, und natürlich ist dies ein absolut verzerrter Ausschnitt der Türkei: Ich befinde mich in einem hippen Stadtviertel, Istanbul ist eine Metropole, und die Verwandtschaft dieser Jungen und Mädchen meist fern. Wie viele in dieser Körperparade machen sich tatsächlich Gedanken um Jungfräulichkeit?
An meinem Gymnasium in Deutschland wurde das erste Mal so ähnlich behandelt wie die Führerscheinprüfung: Für ein oder zwei Jahre war es das größte Thema auf dem Pausenhof, danach ziemlich irrelevant. Zwischen der zehnten und zwölften Klasse trafen täglich Reports ein, wer (die eine Hälfte der Oberstufe) es mit wem (der anderen Hälfte) getan hatte, wo (Kieferholzbett,

im Hintergrund R. Kelly, im Nebenzimmer die Eltern) und wie man danach die Spuren auf der Bettwäsche beseitigte (in Salz einlegen half wenig). Und obwohl Jungfräulichkeit durchaus Nachrichtenwert hatte, hatte sie keinen Wert an sich. Entgegen den guten Ratschlägen von Dr. Sommer verschenkten viele Mädchen es nicht an Mister Right, sondern an Mister Mit-dem-wird-es-schon-nicht-so-schlimm-werden.

Das erste Mal war kein Ereignis, das ein Leben einer Frau definierte. Auf der Wichtigkeitsskala stand es knapp vor dem ersten Frauenarztbesuch und war ihm auch nicht so unähnlich: ein etwas unbequemer Initiationsritus, der den Eintritt in die Welt der Erwachsenen markierte. Man lag in einer unbequemen Pose herum, während ein hartes Ding drei Minuten lang in einem herumstocherte.

Natürlich wollte man diese privat-peinlich-schleimige Sache nicht mit einem Idioten machen – schließlich würde man sich an ihn ein Leben lang erinnern. Aber zu lange wollte auch niemand darauf warten, sonst galt man schnell als sonderbar. Meistens entschied eine Mischung aus Verknalltheit, Geilheit und sturmfrei, mit wem man es am Ende tat. Das erste Mal war ein wichtiges Ereignis, oft beängstigend, aber meistens befreiend, weil man es hinter sich hatte. Hätte uns jemand angeboten, den ganzen Entjungferungskrempel zu überspringen und sofort, sagen wir, zum siebten Mal Sex zu haben – die meisten von uns hätten dankend angenommen. Niemand hätte uns ewige Treue im Tausch gegen das Hymen versprochen. Keine Beziehung zerbrach an seiner Abwesenheit. Ganz sicher war es kein Schatz, den man hütete, kein Rohstoff, und schon gar nicht eine Währung.

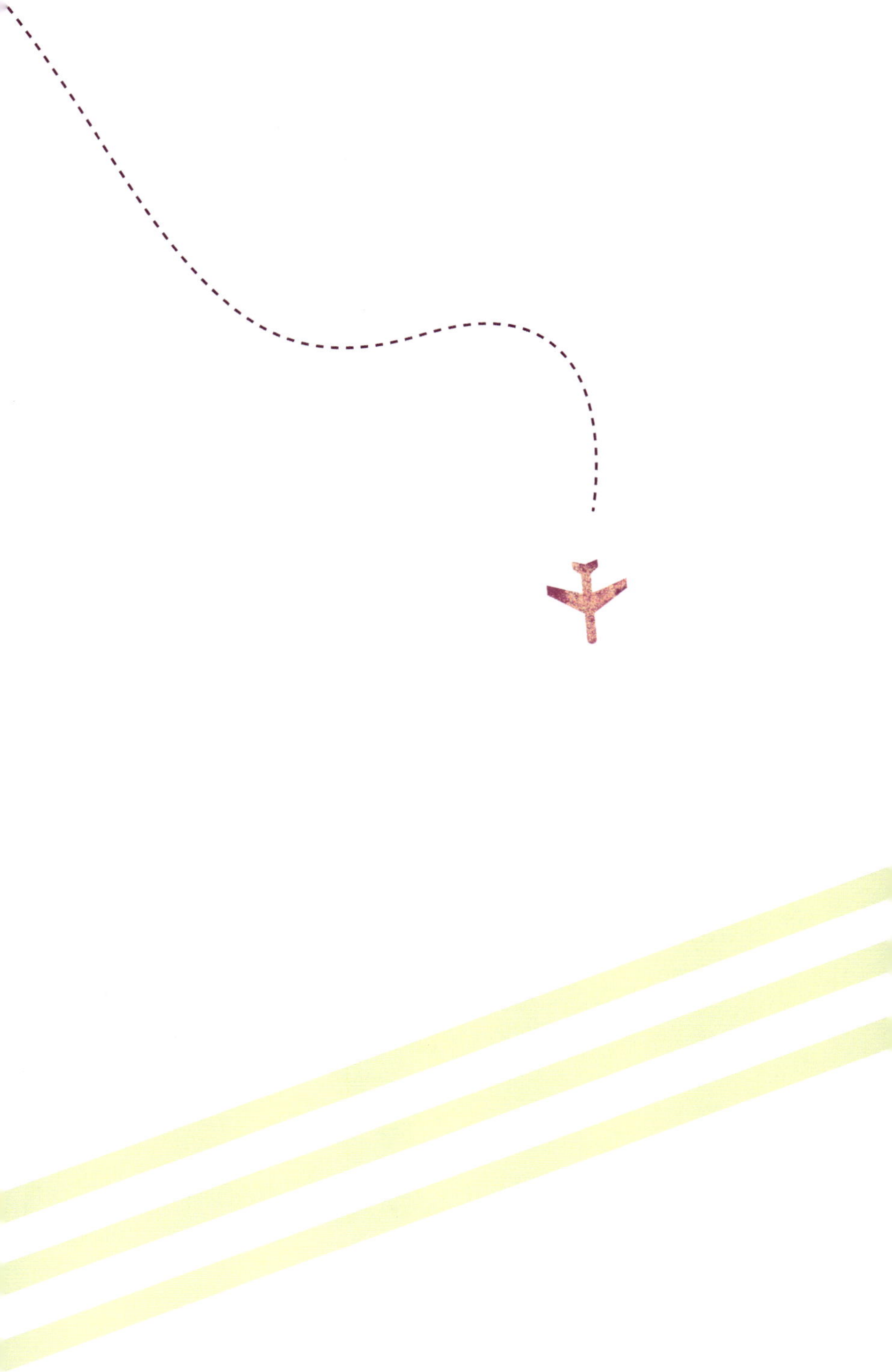

Schaufensterpuppen in gesetzlich erlaubter Kleidung.

Geschlechtertrennung. Ein Abschnitt der U-Bahn, der allein Frauen vorbehalten ist.

Eine Künstlerin bemalt eine Moschee.

Iran

Ein Ziegenhirte in seinem Nomadenzelt.

Iran

FAKTEN

Einwohner: 76,42 Millionen (2012)
BIP pro Kopf: 6 815 USD (2011)
Scheidungsrate: 16 Prozent
Geburtenrate: 1,92 Kinder pro Frau
Heiratsalter: Frauen: 23,5, Männer: 26,8 (2011)

Kosenamen

Azizam: Schatz, Liebling
Asalam: mein Honig
Delam: mein Herz
Juju: Küken, Kleine
Schirin: Süße

Unübersetzbare Ausdrücke

Taarof: Ein System der formalisierten Höflichkeit und Gastfreundschaft im Iran. Durch Taarof erweist man seinen Mitmenschen gegenüber Respekt. Für Außenstehende kann es aber ziemlich verwirrend sein, zum Beispiel in diesem Dialog: »Wie teuer ist dieser Teppich?« »Wertlos, meine Dame.« (Obwohl er 700 Euro kostet.)

Liebesweisheiten

Such nicht den, mit dem du leben kannst, sondern denjenigen, ohne den du auch nur einen einzigen Moment nicht leben kannst.

Teheran: Ghazal und Ali – die Welt drinnen, die Welt draußen

Als das Flugzeug in Teheran landet, hängt mein Herz immer noch in der Luft, in 10 000 Metern Höhe. Die Passkontrollminuten sind die längsten Minuten der Welt; das Gesicht des dicken Grenzbeamten: undurchdringlich. Zwei Kohleklumpen, gepresst in ein Stück blassen Teig.

Der Mann hätte gute Gründe, mich nicht in den Iran zu lassen. Ich bin Journalistin. Ich war schon einmal in Israel – auch wenn er den Einreisestempel nicht sieht, weil ich danach einen neuen Pass bekommen habe. Ich übernachte bei Kenan*, und auch das macht mich verdächtig. Erstens habe ich ihn über Couchsurfing.org kennengelernt (laut den Warnungen des Auswärtigen Amts ist es vorgekommen, dass Reisende »die ihre Unterkunft in Iran über soziale Netzwerke im Internet organisiert hatten, von den iranischen Behörden überprüft und um sofortige Ausreise gebeten« worden sind). Zweitens ist er ein Mann (und es muss »beim Umgang mit iranischen Frauen oder Männern in der Öffentlichkeit mit Polizeikontrollen gerechnet werden. (…)

* Alle Namen in den Iran-Kapiteln sind geändert, um die Menschen, die mir so viel Gastfreundschaft entgegengebracht haben, nicht in Gefahr zu bringen.

Nach iranischem Verständnis unzüchtiges Verhalten wird streng geahndet; teilweise ist es mit der Todesstrafe bedroht.«)

Doch der Beamte blättert nur schläfrig in meinem Pass. Es ist fünf Uhr morgens. Die Augen, die mir noch vor einer Sekunde so misstrauisch schienen, sehen einfach nur müde aus. Er verlangt nicht nach der Buchungsbestätigung des Hotels, das ich alibimäßig reserviert habe. Keine Fragen, was ich im Iran vorhabe. Kein zweiter Blick auf mein Gesicht, das ich mit einem Kopftuch eng umwickelt habe, sodass kein unzüchtiges Härchen hervorblitzt. Nur ein Abschiedsgähnen, so groß, dass ich bis in seinen Dickdarm sehen kann.

Und der ersehnte Stempel.

Dann landet endlich auch mein Herz.

Ich bin im Iran. Einem Land mit einer langen Liste von Verboten: Alkohol trinken. Fahrrad fahren. Öffentliche Gebäude fotografieren. Nackte Haut zeigen, wenn man eine Frau ist, abgesehen von Gesicht und Handgelenken. Iraner dürfen »über das normale Maß hinaus« nicht mit Ausländern in Kontakt treten, was auch immer das heißen mag.

Ich laufe noch ein wenig im Zickzack auf dem Flughafengelände herum, wie in einem B-Movie über Spione, um einen eventuellen Beschatter abzuhängen. Mein konspiratives Manöver wird etwas davon beeinträchtigt, dass mir ein Rudel Taxifahrer im Zickzack hinterherläuft. Einem von ihnen ergebe ich mich schließlich, gestehe Kenans Adresse und lasse mich dorthin abführen.

Hinter der staubigen Fensterscheibe ziehen staubige Straßen vorbei. Würfelhäuser flimmern in der Hitze, und dann und wann zieht ein Baum in der Farbe von getrocknetem Popel vorbei. Und überall Autos. Ein Meer von hupenden, stinkenden Autos. Im Reiseführer steht: »Während Esfahan oder Persepolis

die Seele des Irans sein könnten, ist Teheran unbestritten sein großes, lautes, chaotisches, dynamisches, hässliches Herz.«
Eine Stunde später trinke ich Tee aus Kenans SpongeBob-Tasse und weiß – alles wird gut gehen. »Na, Schiss gehabt?«, fragt er. Ich schüttle den Kopf und werde rot. Kenan grinst. Seit einer Woche beantwortet er fast täglich meine panischen E-Mails und beschwichtigt, dass in seinem Land alles weniger gefährlich sei, als es scheint. »Normale Iraner haben nichts mit den Spinnern von der Regierung zu tun«, sagt er.
Vielleicht hat er recht: Schon am Flughafen habe ich Paare gesehen, die sich zur Begrüßung in den Armen lagen, Facebook kann man problemlos über VPN erreichen, und der Alkohol ist immer nur einen Anruf entfernt – man muss lediglich die Nummer des »Alkoholtaxis« wählen, das die gewünschten Getränke dann bis vor die Tür fährt. Kenan braut sogar sein eigenes Bier, im Esszimmer, das gleichzeitig das Unterrichtszimmer ist. Die Wirtschaftslage ist gerade sehr mies, daher muss er drei Jobs gleichzeitig stemmen: als Englischlehrer, Ingenieur und Filmkritiker. Sein regulärer Arbeitstag beginnt um 6.30 Uhr und endet um 19.00 Uhr. »Kommst Du allein klar?«, fragt er, bevor er geht, und ich nicke und höre gar nicht mehr auf zu nicken.
Nachdem die Tür hinter Kenan ins Schloss fällt, macht sich die schlaflose Nacht im Flugzeug bemerkbar. Ich döse ein und träume wirre Träume von der Religionspolizei, die herausgefunden hat, dass eine unzüchtige Journalistin bei einem unverheirateten Mann übernachtet, und nun an die Tür hämmert.
»Wla-dah! Wla-daahh! Mach Tür auf!«
Auch nachdem ich die Augen öffne, bleibt das Klopfen. Ich wage kaum zu atmen.
»Ich Freund Kenan!«, sagt die Stimme im Flur. Im Türspion sehe ich eine zierliche Frau um die 30. Sie hat schwarze Knopf-

augen und eine Püppchennase, ihr Kopftuch liegt locker auf den kurzen schwarzen Haaren. Als ich mein Auge an den Türspion halte, hält sie von der anderen Seite eine Schüssel hin. »Frühstück!«

Das Frühstück heißt Kashk E-Bademjan, eine Art Auberginenaufstrich. Und die vermeintliche Religionspolizei heißt Ghazal – sie ist eine Nachbarin, die Kenan damit beauftragt hat, seinen übernervösen Gast zu babysitten.

Ghazals Gedankenzüge fahren auf ruckeligen englischen Gleisen, aber dennoch mit der Geschwindigkeit eines ICE. Ich werde sofort mit Essen, Instantkaffee und Instantliebe versorgt und zu ihr nach Hause eingeladen. Die Wohnung liegt direkt gegenüber, trotzdem muss ich ein Kopftuch überziehen, als wir rüberhuschen – wegen der wachsamen Nachbarn, die am Türspion lungern.

»Miss Germany! Willkommen!«, sagt Ghazals Freund Ali und trommelt einen Begrüßungswirbel auf seiner Plauze. Danach ist sein Englischwortschatz erschöpft. Dafür, dass wir uns kein bisschen verstehen, verstehen wir uns super. Ali verkauft Autos und spielt in einer traditionellen iranischen Band. Unter der Halbglatze, hinter der dicken Brille verbergen sich schelmische Koboldaugen. Seine Gesichtsteile sind disproportional und stehen irgendwie jeder für sich. Aber wenn Ali lacht – und das tut er oft – rücken sie an die richtige Stelle und ergeben ein Ganzes. Außer ihm übernachten Ghazals Schwester Nasrin und deren Freund Amin gerade in der Wohnung. »Ich dachte, im Iran dürfen Unverheiratete nicht zusammenwohnen«, sage ich. »Möglich, möglich«, sagt Ghazal und reibt Daumen und Zeigefinger. Soll heißen: Wenn man genug zahlt, dann geht das. Die Mieten für Paare wie Ali und sie sind oft doppelt so hoch wie die verheirateter Paare. Und die Todesstrafe? Ghazal winkt ab. Die Sittenpolizei klingelt manchmal tatsächlich an der Tür – ohne Durchsuchungsbefehl dürfen sie aber nicht eintreten. Und bis sie einen besorgt haben, ist der Liebste mit seiner Zahnbürste längst über alle Berge.

Ghazal ist Sängerin – kein einfacher Beruf im Iran: Frauen dürfen nur vor einem weiblichen Publikum und als Teil eines Chors auftreten. Eine einzelne Frauenstimme, die einem Frauenkörper zugeordnet werden kann, würde bei den Männern unsittliche Reaktionen hervorrufen. Auf den Musikvideos, die im Internet kursieren, schminken Sängerinnen ihr Gesicht bis zur Unkenntlichkeit oder tragen riesige Sonnenbrillen. Niemand soll sie erkennen. Aufnahmen und Auftritte finden im Untergrund statt. Als Ali Ghazal zum ersten Mal im Aufnahmestudio sah, drohte er ihr im Scherz, sie zu verklagen, wenn sie seine Einladung zu einem Abendessen ausschlägt.

Ich würde die Geschichte gern weiterhören. Aber Ali und Amin haben schon ihre Instrumente für ein Willkommensständchen ausgepackt. Ali spielt Daf – eine Art flache Riesentrommel, die nur auf einer Seite mit Fell bespannt ist. Amin spielt Setar – ein Zupfinstrument mit einem langen Hals. Ich mag persische Musik, in der die Traurigkeit und die Freude dieser Welt gespeichert zu sein scheinen. »Wie das Leben«, sagt Amin. »Wie die Liebe.« Dann küsst er seine Freundin.

Ghazals Wohnzimmer beherbergt die Welt, wie ich sie kenne. Aber Hinter der Türschwelle befindet sich die Islamische Republik Iran. Um rauszugehen müssen Ghazal, Nasrin und ich Jeans anziehen und darüber einen Manteau – ein mantelartiges Oberteil, das unsere Kurven verhüllt. Ich kämme meinen Pony streng zurück und binde das Kopftuch eng um den Kopf, wie eine Sturmhaube. Ghazal und Nasrin lachen mich aus und zupfen Haare hervor: Jede Strähne ist Protest. Die Regierung fordert,

dass Frauen unsichtbar bleiben. Vielleicht sind sie deswegen so stark geschminkt wie im Kabuki-Theater. Vielleicht entspricht es auch einfach dem iranischen Schönheitsideal. Ghazal und Nasrin tragen Skinny Jeans unter ihren knappen Manteaus, die sie extra in der Kinderabteilung gekauft haben, damit sie eng sitzen. Mit unbedecktem Kopf nach draußen zu gehen – das würden sich aber selbst die Mutigsten nicht trauen.
Und auch die Sonne hat sich verschleiert – mit Abgaswolken. Um zwölf Uhr ist die Stadt eine Autolawine, die mit gefühlten drei Stundenzentimetern vorankriecht. Ali raucht, flucht, raucht, flucht. Die Autos hupen. Anderthalb Stunden später sind wir am Basar angekommen – einem Paradies von Gewürzen, Granatapfelbergen, Teppichen und preisgünstigen »Chanel«-Taschen von »Louis Vuitton«. Viele Mädchen recken stolz ihre Nasen in die Höhe, über denen breite Pflaster kleben. Operierte Nasen im »Europa-Style« seien nicht nur schöner, erklärt Ghazal, sondern auch ein Wohlstandsbeweis. Eine Schönheitsoperation, könne man, anders als die »Markentaschen« auf dem Basar, nicht faken. Ich bekomme zwei neue, halb durchsichtige Kopftücher geschenkt und eine Tüte Goudje – unreife, grüne Pflaumen, die die Iraner mit Salz bestreuen und unaufhörlich essen, wie Kühe das Gras. Danach gibt es eine dreistündige Stadtrundfahrt im Stautempo bei 37 Grad. Um sieben werde ich an Kenan übergeben.
Das ist die Blaupause für die nächsten fünf Tage: Frühstück, Tee, Goudje, Musik, Goudje, Stadtrundfahrt, Goudje, Hitze, Goudje, philosophische Gespräche mit Kenan. Ich schaffe es kein einziges Mal, allein auf die Straße zu gehen oder selbst zu bezahlen. Der Gast ist König. Und bedarf daher einer königlichen Bewachung und Betreuung. Privatsphäre, die gütigere Schwester des Alleinseins, kennt man hier nicht. Alleinsein ist

für Perser das Traurigste, was einem Menschen zustoßen kann. »Allein im Iran«, erklärt Ghazal, »ist ein bisschen wie tot.«
Ich bin gefangen zwischen unendlicher Dankbarkeit für die Gastfreundschaft, die ich niemals werde zurückzahlen können – und unendlicher Genervtheit. Ein Gefühl, das ich in dieser Form nur gegenüber meinen Eltern kenne. Egal wie früh ich aufstehe, Ghazal steht fünf Minuten später vor der Tür. Zufällig will sie immer genau dahin gehen, wohin ich an diesem Tag gehen will: ins Teppichmuseum, in den Lāleh-Park, ins Museum für zeitgenössische Kunst, sogar zur Damentoilette muss sie, wenn ich auch muss. Jeden Abend falle ich um neun Uhr auf Kenans Sofa und schlafe traumlos, ausgelaugt von Stadttouren bei 40 Grad unter zwei Schichten Kleidung und drei Zentimeter Schminke. Ghazal und Nasrin bestehen jeden Tag darauf, mich anzumalen: »Im Iran Frauen dürfen zeigen allein Gesicht. Deshalb muss besonders schön sein.«

Teheran: Sittenwidrige Blumen

An meinem vorletzten Tag in Teheran beschließen meine Gastgeber, eine Abschiedsfete zu schmeißen. Da alle mit der Partyvorbereitung beschäftigt sind, stürze ich mich auf Teheran. Und Teheran, das mir die ganze Zeit so harmlos vorkam, stürzt sich auf mich. Menschenmengen. Alle stinkenden Autos auf einmal. Tourguides mit geringen Fremdsprachenkenntnissen und exzellenten Kenntnissen ausländischer Umtauschraten. Und dann, mein schlimmster Albtraum: die Sittenpolizei.

Ich habe einen Riesenstrauß für Ghazal gekauft und verlaufe mich auf dem Weg zur U-Bahn. Ein Iraner fängt meinen verlorenen Blick ab. »Metro?«, fragt er. »Metro!«, sage ich. Er gestikuliert, dass er mich hinbringen wird, ein schüchterner Teenager, der genauso viel Englisch spricht wie ich Farsi (Hello, Metro, Bye-Bye).

Wir laufen schweigend nebeneinander her, als sich plötzlich fünf verhüllte Frauen vor uns aufbauen. Ein Mann in Uniform kommt hinzu und zieht meinen Helfer beiseite. Für den Sittentrupp muss die Situation kristallklar sein: Mann + Frau + Blumenstrauß = schmutzige Absichten.

Eine der Sittenwächterinnen nimmt mir meine Blumen weg und redet in Farsi auf mich ein. In ihrem schwarzen Tschador sieht sie aus wie ein quäkender Pinguin. Neben uns bearbeitet

eine weitere Sittenwächterin ein Mädchen mit offenem Manteau und stark bemaltem Gesicht, dessen Ausdruck nichts sagt außer: »Frisch gestrichen.«
Nach 20 Minuten wird der Sittenwächterin klar, dass keine gemeinsamen Sprachschnittmengen bestehen, um mir meine Sünden bewusst zu machen. »Metro?«, frage ich. »Metro«, sagt sie und deutet nach links. Mein Begleiter wird zum Polizeiauto geführt. Wie es mit ihm weitergeht, weiß ich nicht. Wir nicken einander zu, trauen uns aber nicht zu winken.
Als die U-Bahn kommt, steige ich in den Frauen-Wagen, den Männer nicht benutzen dürfen. Er soll Frauen vor Grabschern beschützen und erspart einigen garantiert einen Klaps auf den Hintern. Anderseits kommt es mir seltsam vor, die Welt in Geschlechter aufzuteilen: Schulen für Mädchen und Schulen für Jungen, Strände für Frauen und Strände für Männer, und schafft man es trotz all dieser Trennungen, sich zu begegnen, muss man einen sicheren Abstand halten. Dieses Zwei-Pole-Denken erscheint mir wie ein Überbleibsel aus der Generation meiner Urgroßeltern – etwas, was zwar nicht gänzlich verschwunden, aber in Ungnade gefallen ist, wie Mettigel oder, sagen wir, Mieder.
Wie muss ein Leben sein, in dem Männer ständig als Bedrohung, und Frauen als Verführung wahrgenommen werden? Führt das nicht erst recht dazu, dass man sich gegenseitig nicht als Menschen begegnet, sondern als Ansammlung primärer und sekundärer Geschlechtsmerkmale?
»Die Geschlechtertrennung bewirkt nur eins«, sagt Kenan später. »Dass Mann und Frau sich umso mehr paaren wollen.«

Kaspisches Meer: Der Ganzkörperbikini

Als ich erzähle, warum ich zu spät zu meiner eigenen Party komme, sind alle ein bisschen erschrocken, aber nachdem ich versichert habe, dass mir nichts Schlimmeres passiert ist, lächelt Ghazal sogar. »Du bist richtig Iran«, scherzt sie. Von der Sittenpolizei angehalten zu werden sei hier neben Stau die häufigste Ausrede fürs Zuspätkommen. Und was meinen Begleiter angeht: Bestenfalls schafft er es, die Beamten zu schmieren, schlimmstenfalls drohen ihm eine saftige Geldstrafe oder ein paar Nächte in der Zelle.

Es ist 20.30 Uhr, und ich bin der letzte Gast, der noch fehlte. Ich habe noch nie gesehen, dass eine Party, die laut Einladung um 20 Uhr beginnt, eine halbe Stunde später bereits voll ist. In Berlin lädt man die Leute für neun Uhr ein, und vor Mitternacht ist keiner da, außer dem leicht seltsamen Cousin, der gerade aus Göttingen zu Besuch ist. Im Iran ist das Fest raketenschnell in vollem Gange: Zu einer Party, die jede Minute aufgelöst werden kann, kommt man lieber pünktlich – und nutzt jede Minute. Rumstehen ist out. Niemand lehnt lässig mit angewinkeltem Bein an der Wand, kaut gelangweilt an der Innenbacke und mustert die anderen. Für Coolness ist keine Zeit. Vielleicht hat man sie im reichen Teheraner Norden, wo die Polizei für eine runde Summe gern beide Augen zudrückt. Hier wird sofort

getanzt, mit viel Einsatz, fliegenden Händen, Beinen, Haaren, Kopftüchern und stimmlicher Eigenbegleitung.
Zu trinken gibt es eine Unmenge starken Schwarztee und Aragh – selbstgebrannten Rosinenschnaps. Jedes Mal, wenn es an der Tür klopft, gefrieren alle mitten in der Bewegung, wie bei einem Kinderspiel. Dann lösen sie sich in rauschhafter Freude auf, weil es doch nur einer ist, der kurz Zigaretten holen war. Stünde die Polizei vor der Tür, würden die Frauen den Alkohol ins Klo kippen. Die Männer würden aufs Dach klettern und von da aus auf das nächste und das nächste, bis sie in Sicherheit wären. Eine Party ist ein Delikt, weil nicht verwandte Frauen und Männer in einem Raum sind, ohne einen triftigen Grund, außer Spaß zu haben. Ist Alkohol im Spiel, verschärfen sich die Strafen.
Viele Feste werden deshalb allein vom schwarzen Tee befeuert: Alkohol ist teuer, umständlich zu beschaffen, und ohnehin trinken viele Muslime keinen.
Ich habe mich das nie richtig gefragt: Wie kommen Menschen eigentlich ohne Alkohol zusammen? Wenn ich darüber nachdenke, hat sich keines der Paare in meinem Freundeskreis an der Supermarktkasse kennengelernt. Wenn sie sich nicht ohnehin beschwipst über den Weg liefen, dann haben sie zumindest beschwipst auf einer Party zum ersten Mal geknutscht, oder nach einer gemeinsamen Flasche Wein. Wie spricht man so ganz ohne Biermut ein unbekanntes Menschenwesen an? Und wie bewältigt man mit null Promille diese meilenlangen letzten Zentimeter zwischen den Lippen?
Sicher ist eines: Auch im Iran ist Alkohol ein gutes Schmiermittel fürs Zwischenmenschliche. Und auch im Iran leert sich die Party, sobald es nichts mehr zu trinken gibt. Um halb drei Uhr morgens ist der Aragh alle, um drei sind nur Kenan, Ghazal, Ali, Nasrin und ich in der Wohnung. Und alle haben Lust weiterzu-

machen. Das Alkoholtaxi ist zu teuer, und wir sind voller Tatendrang. Fünf Minuten später ist es beschlossen: Wenn der Alkohol nicht zu uns kommt, fahren wir zum Alkohol. Ali hat einen Freund, der Wein anbaut. Er wohnt in einem Sommerhaus am Kaspischen Meer.

»Am Kaspischen Meer?«, frage ich. »Ist das nicht vier Stunden entfernt?«

»Am Wochenende eher fünf«, sagt Ghazal. »Wenn Ali fährt, zweieinhalb.«

Alle finden die Idee super. Der Preis des Benzins ist im Iran, verglichen mit einer Flasche Wodka, ein Kleckerbetrag. Und was mich angeht: Einerseits gibt es nach fünf Tagen im Aschenbecher Iran gar nichts, auf das ich mich mehr freuen würde als auf das Meer. Andererseits gibt es eine Reihe schwergewichtiger Aber. Aber 1: Polizeikontrollen, die unverheiratete Urlauberpärchen aus dem Verkehr ziehen. Aber 2: Alis Auto hat kein Nummernschild. Aber 3: sein Kamikaze-Fahrstil. Im Iran gibt es nur zwei Fahrmodi: Kriechen und Rasen. Die Zeit, die Iraner in Staus verlieren, holen sie auf, sobald die Straßen frei sind. Und wir haben fünf Tage im Stau verbracht.

»Komm«, sagt Kenan. »Man lebt nur einmal.«

»Eben!«, sage ich. »Eben!«

Mein einziges Leben scheint plötzlich zu wertvoll, um es aufs Spiel zu setzen.

Natürlich steige ich trotzdem ins Auto. Die Straßen sind frei, und schon bald haben wir die Stadtgrenze hinter uns gelassen. Die Polizei lässt uns in Ruhe. Der Sonnenaufgang — ein Himbeersorbet. Ich schließe die Augen. Ich bin glücklich.

Als ich sie wieder öffne, kommt ein Laster direkt auf uns zu, weil Ali auf der Gegenfahrbahn überholt. Ich schreie. Ali lacht. Als ich versuche, einen Gurt anzulegen, ist er beleidigt.

Wir rasen mit sehr deutschen Geschwindigkeiten über sehr undeutsche Serpentinen und Schlaglöcher, aber außer mir scheint es niemanden zu stören. Ich tröste mich damit, dass Ali ein himmlischer Fahrer sein muss, wenn er mit einem solchen Fahrstil das dreißigste Lebensjahr erreicht hat, kralle mich am Türgriff fest und schlafe vor Angst ein. Als ich aufwache, sind die sandgelben, glatzigen Berge moosgrünen Laubwäldern gewichen. Es sieht ein bisschen aus wie in der Schweiz. Die Sonne kriecht langsam über den Wäldern hoch, die Luft ist feucht. Und: wow, Reisfelder! Im Iran! Es ist, als hätten wir drei Vegetationszonen in einer Stunde durchquert. Vielleicht haben wir es wirklich: Bei Alis Fahrgeschwindigkeit wundert mich nichts mehr.

Das Sommerhaus verfügt über zwei Stockwerke, drei Schlafzimmer und sogar europäische Toiletten (also eine richtige Kloschüssel statt eines Klolochs). Alis Freund hat schon Schaschlik zum Frühstück vorbereitet – eine Männeraufgabe, erklärt Ghazal. Abspülen ist eine Frauenaufgabe. Die Männer setzten sich vor den Fernseher, um sich Musikvideos mit leicht bekleideten Mädchen auf einem Satellitensender anzuschauen, der irgendwo in den USA von Exiliranern ausgestrahlt wird. Ghazal und Nasrin räumen den Tisch ab. Ich bin bis zu den Ellenbogen im Schaumwasser mit Bratfett versunken und schrubbe eine Pfanne, als Amin mir auf die Schulter tippt. Ich freue mich auf Hilfe. Aber er lächelt mich nur breit an und sagt: »Ich hoffe, du bist nicht müde!« Dann dreht er sich um und geht.

Kenan muss die Empörung um die Geschlechterrollenverteilung auf meinem Gesicht gesehen haben. Er erklärt: Amin wollte sich nicht lustig machen, sondern höflich sein. Chaste Nabaschid – »mögest du nicht müde werden« – ist ein traditioneller Gruß an alle, die man bei der Arbeit antritt. Es ist Taarof, ein System der formalisierten Höflichkeit im Iran.

Nach dem Frühstück gehen wir satt und übernächtigt zum Meer. Es ist Mai, und die Absperrung zwischen dem Männerstrand und dem Frauenstrand wurde noch nicht errichtet. Das heißt, die Geschlechter müssen gemeinsam einen Strand benutzen. Und das wiederum heißt: Die Männer springen in Unterhosen ins Meer; Ghazal, Nasrin und ich laufen an der Wasserkante entlang und werfen sehnsüchtige Blicke aufs Wasser, wie Fischerfrauen in Erwartung ihrer Helden auf hoher See. Theoretisch dürfte ich in Jeans, Manteau und Kopftuch schwimmen, bezweifle aber den Spaßfaktor.

Stattdessen gehe ich mit Kenan in der Siedlung spazieren. Die Häuschen sind nach letzten Standards ausgebaut. In einer Bude kann man Schnorchel, Neoprenanzüge und andere Ausrüstung leihen. Ich werfe einen Blick hinaus aufs Meer, auf die Wakeboards und Motorboote. Und dann auf die Mütter im Tschador, die mit besorgten Gesichtern an der Wasserkante entlanglaufen und nach ihren badenden Kindern rufen. Wieder fängt Kenan meinen Blick auf: »Mit einem Fuß in der Vergangenheit und dem anderen ständig nach vorne schreitend ist der Iran wahrlich ein Land, das sich ständig im Kreis dreht.«

Ich verstehe, was er meint. Der Iran ist wie ein furchtbarer Mensch, der geniale Musik schreibt: großartig und abartig zugleich. Ja, ich glaube allmählich, der Iran ist das großartigste abartige Land der Welt. Hier gibt es die gastfreundlichsten Menschen, die ich jemals getroffen habe, diese traurig-glücklichen Melodien, atemberaubende Natur, wunderschöne Gedichte und Kashk E-Bademjan.

Andererseits habe ich vier Stunden Todesangst in Alis Auto gelitten und wurde dafür nur mit 15 Minuten nassen Füßen entlohnt – wegen der Geschlechtstrennungsgesetze.

Und da habe ich den Rückweg noch nicht eingerechnet.

Heilige Tücher, blutige Laken

Auf dem Weg in die Hauptstadt ist es, als würde ganz Teheran von einem Ausflug ans Meer zurückkehren. Stau. Kriechmodus. Noch 120 Kilometer bis Teheran. Anderthalb Stunden später sind es immer noch 107 Kilometer. Am 98. Kilometer kommen wir für eine Weile völlig zum Stillstand. Die Sonne knallt auf das Blechdach. Ich schwitze leise vor mich hin und vermisse meinen Freund. In Deutschland ist jetzt Sonntagnachmittag, er spielt wahrscheinlich gerade schief Gitarre. Seit drei Wochen wacht er ohne mich auf, schläft ohne mich ein und tut vor allem eines: Er fehlt. Vor drei Wochen trennten uns drei Straßenbahnhaltestellen. Jetzt sind es fast 5000 Kilometer und zweieinhalb Stunden Zeitunterschied. Früher war unser Wiedersehensgeräusch das Schlüsselumdrehen im Schloss, jetzt ist es das Tüdeldü von Skype. »Kannst du deine Kopfhörer einstecken«, fragt er immer wenn er anruft, »damit ich dir zärtlich ins Ohr flüstern kann?« Ich denke an seine Männerwohnung, voll und kahl zugleich, an seine Schuhe, die mit ihren Spitzen Viertel nach zwölf zeigen, und spüre meine Kehle enger werden. Und das hier ist erst die Generalprobe: Vor zwei Tagen ist eine Zusage gekommen – ab September werde ich an der New York University Kreatives Schreiben studieren.

Wir sind nicht die Ersten, und wir werden nicht die Letzten sein, die eine Fernbeziehung führen. Und bisher läuft die Generalprobe ganz gut: Wenn ich morgens meinen Handywecker ausmache, ist auf dem Display sein zerknittertes Morgengesicht zu sehen. Das schickt er mir, damit wir ein bisschen zusammen aufwachen. Wir schreiben uns E-Mails in der Länge von »Krieg und Frieden«, streicheln uns mit Worten, zwinkern uns mit Semikolons zu und lächeln einander mit Klammern an. Und trotzdem: An Tagen wie diesem sehe ich in jedem Gänsefüßchen zwei Apostrophe, die sich aneinanderschmiegen.

»Keine Angst«, sagt Ghazal, die meinen sehensüchtigen Gesichtsausdruck mit Existenzangst verwechselt hat. »Ali fährt so, so langsam. Ganz sicher kein Unfall.«

Weil der Sommerhaus-Freund nach Teheran mitfährt, haben wir uns auf zwei Autos aufgeteilt. Ghazal und ich fahren bei Ali mit. Weil er kein bisschen Englisch spricht, ist es ein bisschen so, als seien wir allein im Wagen.

Mir wird mit jeder Minute klarer, dass sie eine außergewöhnliche Frau ist. Ghazal spricht laut, und sie lacht laut. Sie nimmt sich den Raum, der meistens den Männern vorbehalten ist. Wenn einer uns mit seinen Augen begrabscht, spielt sie so lange Tauziehen mit Blicken, bis der Kerl aufgibt.

Ghazal ist 27. Sie kennt nur das konservative Regime, das bei Gründung der Islamischen Republik im Jahr 1979 an die Macht kam. Damals versprach Revolutionsführer Ajatollah Chomeini, das Land von der »westlichen Unzucht« zu befreien, also von außerehelichem Sex, Alkohol, Sturmhaarfrisuren, Hotpants und Lippenstift. In den folgenden Jahren wurde die Gesellschaft islamisiert, Frauen wurden gezwungen, Kopf und Körper zu verschleiern, die Schulen nach Geschlechtern getrennt.

»In der dritten Klasse sagten sie uns: Mädchen, ihr habt ein Loch. Und Männer wollen immer, immer, immer ihr Ding in das Loch tun. Alle Männer, ohne Ausnahme«, erzählt Ghazal. »Und gleichzeitig sagten sie immer, dass einer dieser Männer später das Wichtigste in unserem Leben sein wird.«

Ghazal weinte an ihrem Jashn-e Taklif – das Fest der Pubertät oder das Fest der Regeln, das iranische Mädchen mit neun in den Schulen feiern müssen. Danach müssen sie das Kopftuch tragen, Jungs meiden, am Ramadan fasten und beten.

Die Moscheen hat Ghazal so selten wie möglich betreten: »Seit ich neun war, hatte ich jeden Tag meine Tage.« Denn wenn eine Frau menstruiert, darf sie nicht in eine Moschee. Den Jungs fernzubleiben war schwieriger: Wenn ein Mädchen Sex hatte, war sie eine Schlampe, hatte sie keinen, war sie naiv oder prüde. Und außerdem war Sex ein Weg, seinen Protest gegen das Regime zu demonstrieren.

»Der Staat und Mullah machen so ein großes Ding aus … aus …« Ghazal fehlt die Vokabel, also versuchen wir es mit Körpersprache und Scharade. Sie nimmt ein Stück ihres Kopftuches in die Hände und zieht es auseinander, wie in einer Zerreißprobe.

»Stoff? Seide? Kaputt?«

»Nein«, sagt sie und wird rot.

»Kleidung, verhüllen, Kopftuch?«

»Wie Kopftuch, nur zwischen den Beinen.«

Dann dämmert es mir.

»Hymen?«

»Hymen wie ›human‹ – der Mensch? Was für ein schönes Wort für eine komische Sache!« Sie lacht und schüttelt den Kopf: »Auf jeden Fall: Das ist ein großer Unsinn.«

Mit 22 hat Ghazal beschlossen, diesen Unsinn loszuwerden. Es dauerte zweieinhalb Minuten, in der Wohnung eines Freundes, dessen Eltern im Urlaub waren.

»Ich dachte: Was, das war's? Das ist der Grund für all die Verrücktheiten, das Kopftuch, die Frauenabteile in der U-Bahn?

Dieses Ding zwischen meinen Beinen war der nutzloseste Körperteil von allen.«

»War es nicht trotzdem eine große Sache, als du es nicht mehr hattest?«

Ach, es gäbe Wege, erklärt sie. Für weniger als 100 Euro wird das Jungfernhäutchen im Iran wiederhergestellt. Aber es geht auch einfacher: Man kann eine Kapsel mit roter Flüssigkeit in die Scheide einführen, die beim Geschlechtsverkehr platzt. Das Laken ist dreckig – die Ehre der Frau rein. Manche würden sogar die Schamhaare verknoten, um es den Männern schwer zu machen, erzählt sie kichernd.

Aber was ist mit all den leicht bekleideten Mädchen im Satellitenfernsehen und den Sexsymbolen? Ist den Männern denn nicht klar, dass eine Sexbombe Sex haben muss, um gut darin zu werden?

»Klar.« Ghazal zuckt mit den Schultern. »Aber es gibt genug Idioten, die mit möglichst vielen schlafen wollen und dann eine Frau mit Kopftuch heiraten – auf dem Kopf und zwischen den Beinen.«

»Und Ali?«

»Ali ist es nicht wichtig. Wir lieben uns wirklich.«

Vom Fahrersitz grinst Ali, der gerade seinen Namen und das Wort Liebe verstanden hat.

»Ali Liebe Ghazal«, sagt er, hebt seine Arme vom Steuer und reckt beide Daumen in die Höhe.

»Wirst du Ali heiraten?«

»Wenn ich überhaupt jemals heirate – dann ihn.« Eine Hochzeit würde viele Freiheiten mit sich bringen, aber auch einige rauben: Ghazal dürfte zum Beispiel nicht mehr ohne Alis Zustimmung das Land verlassen.

Am liebsten würde sie auswandern. Ja, sie kann hier singen. Ja, sie lebt mit ihrem Freund zusammen. Aber sie will mehr: Sie will ihr wahres Leben nicht verstecken müssen.

»Manchmal wünsche ich, jemand hätte nach meiner Erlaubnis gefragt, bevor er mich in diese Welt schickte. Ich hätte gesagt: Danke, aber nein, danke.«

Schiras: Die schwierigste einfachste Sache der Welt

Darf ich ihm die Hand geben? Darf ich ihm überhaupt in die Augen schauen? Aber da hat mich Behrouz schon in eine Bärenumarmung geschlossen. Danach drückt mich Samaneh, seine Mutter. Sie zieht mein Kopftuch herunter und hilft mir aus dem unförmigen Manteau. Ihr Englisch ist zwar sehr wackelig, die Sprache der Gastfreundschaft spricht sie aber vorzüglich. Sie hat schon den Sofreh auf dem Boden ausgerollt – eine Art Tafel aus Stoff, auf der Schüsseln mit Reis und Ghormeh Sabzi stehen, dem »Grünen Eintopf« aus Lammfleisch mit einem Haufen Kräutern. Das Naan genannte Fladenbrot ist weich und weiß wie ein Wattepad und so warm, dass die Butter darauf zerfließt und durch die Löcher tropft.

Ich habe meine Gastgeber über Couchsurfing.org kennengelernt und werde drei Tage bei ihnen in Schiras bleiben. Samaneh hat ein altersloses Gesicht und eine Körperstatur, über die meine Oma zu sagen pflegt: »Ein kleiner Hund bleibt immer ein Welpe.« Ihr Sohn Behrouz ist riesengroß, hat den Schalk in den Augen und eine Kippe hinter dem Ohr. Die kohlschwarzen Haare und der Bart stehen von seinem Kopf ab wie ein düsterer Heiligenschein. Würde er nicht so oft lachen, würde er mich an die Abbildungen der Märtyrer erinnern, die im Iran überall Hauswände und Geldscheine zieren.

»Keine Angst! Ich bin kein Extremist, ich lerne nur seit Wochen für meine Medizinprüfungen!«, sagt er lachend. Behrouz schreibt morgen früh eine Klausur in Neurochirurgie, lädt mich aber trotzdem ein, bei ihm im Zimmer abzuhängen. Ich blicke fragend zu seiner Mutter. »Allah ist allwissend, und Eltern sind seine Augen auf der Erde«, heißt es in einem iranischen Sprichwort. Gehört es sich, dass wir zu zweit in einem Zimmer sind? Aber Behrouz lacht. »Mum ist cool. Wir waren letztes Jahr zusammen in Europa trampen. Und Mädchenbesuch ist in diesem Haus echt keine Seltenheit.«

Inzwischen weiß ich, dass im Iran hinter verschlossenen Türen ganz andere Regeln gelten als auf dem Papier. Die Reisewarnungen des Auswärtigen Amtes sind wie die Packungsbeilage eines Medikaments: Nach dem Lesen ist man sich sicher, dass man aus der Sache nicht lebendig herauskommt. In Wirklichkeit ist alles etwas entspannter.

In liberalen Häusern können Jungs und Mädchen ungestört unter vier Augen quatschen und sogar knutschen. Es gibt ungetraute Paare, die miteinander wohnen, und auch draußen finden sich genug lauschige Ecken. Trotzdem ist es so, als wäre ich wieder 13 und müsste noch lernen, wie die Mädchen-Junge-Sache funktioniert. Was sich gehört und was nicht, hängt sehr von der Einstellung der Familie ab: Manche iranische Frau weiß nicht, wo bei einem Tschador oben und unten ist. Andere würden ihn nie in Anwesenheit fremder Männer ablegen.

In diesem Haus scheint es niemanden zu kümmern, was die Regierung erlaubt und was nicht. Im Kühlschrank steht Bier, im Fernsehen läuft BBC, auf dem Computer sehe ich eine geöffnete Facebook-Seite – alles offiziell verboten. Behrouz murmelt medizinische Fachbegriffe, ich schreibe Tagebuch, wir machen viel zu oft Raucherpausen. Gegen Mitternacht sind die Zigaretten alle. Ich möchte neue holen, doch Behrouz will mich nicht allein gehen lassen, obwohl der Kiosk nur eine Straße weiter ist. Doch spätestens als er das »Du bist eine Frau«-Argument herauskramt, bin ich nicht aufzuhalten.

Draußen ist es doch etwas gespenstisch. Die Straßen sind leer, nur ein dicklicher Typ steht vor einer offenen Kühlerhaube und wühlt in den eisernen Gedärmen seines Autos.

»Miss Lady! Miss Lady!«, schreit er mir hinterher, als ich aus dem Laden komme. »Where're you from?«

Ich habe die Frage so oft beantwortet, dass ich die Antwort auf Farsi kenne.

»Alman«, sage ich.

»Sex?«

»No, thank you«, sage ich. Der Typ macht ein paar Schritte in meine Richtung, und ich muss mich beherrschen, nicht loszurennen. Dann tu ich es doch und bilde mir ein, seine Schritte hinter mir zu hören.

»Erschrocken?«, fragt Behrouz nur, als ich atemlos in die Wohnung stolpere.

»Nee«, sage ich.

»Und warum sind deine Augen so groß wie Untertassen?«

Er hat recht. Ich hatte Schiss und bebe immer noch am ganzen Körper wie eine antike Waschmaschine. »Warum glauben hier so viele, nur weil europäische Frauen ungestraft Sex haben dürfen, würden sie es auch mit jedem Dahergelaufenen tun?«, frage ich.

»Du bist Ausländerin, also automatisch keine Jungfrau, also fehlt dir jeglicher Grund, nicht mit ihnen zu schlafen«, erklärt er und lacht. »Im Ernst: Es ist eher der Sieg der Hoffnung über den Verstand. In traditionellen Familien ist Sex vor der Ehe tabu, und heiraten kann man nur, wenn man genug Geld für eine Mitgift hat. Viele haben mit 25 noch kein nacktes Frauenbein gesehen. In offiziellen Filmen tragen die Frauen schon beim Aufwachen im Bett Kopftücher. Und der Westen erscheint natürlich als Hort der Sünde, wo alle Mädels mit freiem Oberkörper rumlaufen. Wenn sie dann blaue Augen und eine blonde Strähne sehen, drehen manche durch.«

Am nächsten Morgen ist Behrouz schon in der Uni, als ich aufwache. Ich fahre nach Persepolis – die über 2500 Jahre alte Residenz der persischen Könige. Es ist atemberaubend. Vielleicht kriege ich aber auch einfach nicht genug Luft unter den zwei Lagen Klamotten bei 38 Grad.

Als ich zurückkomme, will Behrouz mir mit dem Auto die Stadt zeigen. Er trägt ein weißes T-Shirt und Jeans. Ich sehe in dem kittelartigen Mantel in den vorgeschriebenen unauffälligen Farben aus wie eine Mischung aus Putzfrau und Psychiatriepatientin.

»Können wir dafür angehalten werden, dass wir in einem Auto sitzen, ohne verwandt zu sein und beruflich miteinander zu tun zu haben?«

»Natürlich«, sagt er und tritt aufs Gaspedal. »Es ist paradox: Weil wir nicht zusammen mit Mädchen rausgehen können, im Park knutschen oder zusammen verreisen, bleiben wir zu Hause. Dort ist es langweilig, also haben wir Sex. Insofern bewirkt der ganze Keuschheitskram genau das Gegenteil.«

Wir fahren vorbei am prächtigen Bazar von Schiras, vorbei an Orangengärten, vorbei am Grabmal des großen Dichters Hafis, vorbei an rußenden iranischen Paykans, deren Vorhandensein auf der Straße ich mir nur mit der Liquidation eines Automobilmuseums erklären kann.

Wir rasen vorbei an Reklameschildern mit Fruchtsäften, glücklichen Familien und Religionsführern mit weißen Rauschebärten, die aussehen wie strenge Nikoläuse. Alle paar Kilometer kommt eine Tafel mit Kriegsmärtyrern, wahlweise mit Flugzeugen oder mit Panzern, aus deren Mündungen rote Tulpen sprießen, die angeblich aus Heldenblut wachsen.

Aber wenn das Kopftuch im warmen Fahrtwind flattert, fühlt man sich eher wie in Fünfzigerjahre-Filmen, in denen Frauen beim Cabriofahren Seidenschals und riesige Brillen trugen, als in einer Islamischen Republik. Ich fühle mich sehr lebendig, sehr da und schwerelos zugleich. Endlich und unendlich. Unsterblich.

Autos mit grellgeschminkten Mädchen kommen uns entgegen, und Autos voller Jungs, die sich gegenseitig im Vorbeifahren ihre Handynummern zubrüllen. So lernt man sich also in diesem Land kennen.

Wie um mich auf den Boden der Tatsachen zu holen, referiert Behrouz über die Absurditäten der iranischen Gesetzgebung: Jungfrauen dürfen im Iran nicht hingerichtet werden; wird also eine unverheiratete Frau zum Tode verurteilt, vergewaltigt sie vorher ein Wärter. Für außerehelichen Sex drohen Peitschenhiebe. Dafür kann man bis zu vier Ehefrauen haben und unbegrenzt viele Ehen auf Zeit.

Die Sonne geht unter. Behrouz biegt in die Nour-Khan-Sand-Allee, die Hauptstraße von Schiras, und parkt sein Auto in einem Innenhof. Wir schieben uns ein paar Hundert Meter durch die Menschenlawine, dann biegen wir in ein Seitensträßchen ab. Ein zahnloser Penner schmeißt sich in einem Gebet mal zur linken, mal zur rechten Seite und schlägt seinen Kopf in gespielter Zerrissenheit gegen den Asphalt. Behrouz lacht. »Was sagt er?«, frage ich.

»Oh Gott! Oh Coca-Cola!«

In dieser Gasse gibt es unter dem Tresen alles zu kaufen, was sonst unmöglich in die Vitrinen kann. Alkohol. Dildos. Heroin.

»Auch Kondome?«, frage ich.

»Nö, die gibt es gut sichtbar in jeder Apotheke.«
Anfang der Achtzigerjahre hatten iranische Frauen durchschnittlich sechs Kinder, die Bevölkerung verdoppelte sich. Seitdem ist der iranischen Regierung viel an Geburtenkontrolle gelegen.
In den zwielichtigen Läden faszinieren mich am meisten die Preisverhältnisse. Ein Fünfliter-Kanister Aragh kostet umgerechnet zehn Euro, Absolut Vodka 60 Euro, ein großes Glas Nutella kann man ganz legal für etwa neun Euro kaufen. Nur einen Euro kostet eine Pille Tramadol – ein verschreibungspflichtiges Schmerzmittel aus der Gruppe der Opioide, mit dem sich arabische Jugendliche gern zudröhnen. Behrouz kauft eine Packung davon, packt den Alkohol in eine Sporttasche und marschiert so selbstverständlich zurück zum Auto, als wären wir gerade beim Bäcker gewesen. Meine Knie klappern wie Kastagnetten, und ich bin mir sicher, dass jeder, der mir ins Gesicht blickt, sofort weiß, was wir dabeihaben.
In der Hauptstraße werden wir fast von den Menschenmassen erdrückt, müssen aber so schnell wie möglich vorbeiwieseln. Weniger wegen der Tasche voller illegalem Kram, sondern weil man uns für ein Paar halten könnte.
Es gebe in Schiras Bezirke, sagt Behrouz, in denen die Polizei lässiger sei. Welche das sind, wird per Mundpropaganda weitergegeben. Die Stimmung ist aber so wechselhaft wie Aprilwetter: Wo man gestern noch den Kopf auf dem Schoß der Liebsten ablegen konnte, kann heute schon ein unvorsichtiger Blick gefährlich sein. So richtig sicher sei man eigentlich nur zu Hause.
»Und was machen die mit den strengen Eltern?«, frage ich.
»Die zelten in der Wüste.«
Ich will natürlich sofort die Knutschorte von Schiras inspizieren. Behrouz fährt zu einem dunklen Hang, von dem man auf die ganze Stadt blicken kann. Jemand hat »Make Love« auf den

Zaun gesprüht. Auf den Straßen parken doppelt so viele Motorräder und Autos wie die wenigen Häuschen Bewohner haben können. Als wir uns mit dem Handy den Weg leuchten, schreckt ein Pärchen hoch, beruhigt sich aber schnell wieder, weil sie uns für ihresgleichen halten.

Wir setzen uns ins Gras und trinken Aragh. Es schmeckt nach Rosinen und nach einer für mich bisher unbekannten Geschmacksrichtung: nach verboten. Ich schaue mich um. Man muss wahrscheinlich hier geboren sein, um trotz des Anstandskittels und Kopftuches sexy auszusehen und nicht so babuschkahaft wie ich. Die Kopftücher der meisten Mädchen thronen wie Accessoires auf ihren aufgetürmten Frisuren. Andere tragen Maghne'e – eine Art Stoffkapuze, die kein Härchen hervorblitzen lässt. Ein Mädchen auf dem Knutschhügel trägt sogar einen Tschador.

»Kann man an den Klamotten eines Mädchens ablesen, ob es sich lohnt, sie anzubaggern?«, frage ich.

»Nicht wirklich«, sagt Behrouz. »Natürlich gibt es gewisse Zusammenhänge. Aber manchmal sind die, die am wenigsten anhaben, prüder als die Verhüllten. Wie man sich anzieht, hat eher damit zu tun, was die Familie verlangt.«

»Ich stelle mir Anbandeln im Iran unglaublich kompliziert vor.«

»Quatsch. Das ist doch überall gleich: Die Liebe ist die schwierigste Sache der Welt. Und die einfachste zugleich.«

Yazd: Kian und Samira – Die Ehe ist eine Wassermelone

Und plötzlich stehe ich mitten in einer kratzigen Wolke. Der Sandsturm fühlt sich an wie ein Kneippbad, auch wenn draußen 42 Grad sind. Sprühsand stichelt am ganzen Körper und legt sich auf die Stadt wie schmutziger Tüll. Dahinter: verbrannter Himmel und lehmbraune Gebäude. Grün gibt es kaum, und wenn, dann ist es das staubige Grün von Zimmerpflanzen, die seit Jahrzehnten in dunklen Kaschemmen stehen.

Ich bin in Yazd, einer Wüstenstadt, die für ihre jahrhundertalten Bādgirs bekannt ist – Windtürme, die durch einen Kamineffekt für Kühle und Belüftung sorgen – und für die Türme des Schweigens, in denen einst Raubvögel die Leichen der Zoroastrier sauber pickten. In Yazd wohnen immer noch ein paar Tausend Zarathustra-Gläubige, die sich nicht zum Islam bekehren ließen und das Feuer verehren.

Die Sitten in Yazd sind konservativer als in Teheran und Schiras. An alten Häusern sieht man noch Türen mit unterschiedlichen Türklopfern: ein runder für weibliche und ein länglicher für männliche Besucher. Sie klingen unterschiedlich, damit die Frauen des Hauses wissen, ob sie sich für den Gast verhüllen müssen oder nicht.

Auf den Straßen von Yazd sieht man eher Tschadors als blondiertes Haar und operierte Nasen. Und meine Gastgeber – ein Ehepaar – sind die Ersten seit meiner Ankunft im Iran, die kein Bier im Kühlschrank haben und fünf Mal am Tag beten.

Kian ist 32 und Zahnarzt. Ein hagerer Mann, der bei der Arbeit so viele offene Münder sieht, dass er den eigenen meist geschlossen hält. Dafür redet seine Frau Samira für zwei. Sie hat Computerwissenschaften und englische Literatur studiert, hütet momentan das Haus und träumt davon, eine Konditorei aufzumachen. Samira ist 25, pummelig, sehr lebendig – ein Perpetuum Mobile im Fast-forward-Modus.

Sie ist der Motor, er die Bremse, seit fünf Jahren sind die beiden verheiratet. Davor haben sie sich vier Mal gesehen. Kann man sich so schnell dazu entscheiden, den Rest seines Lebens miteinander zu verbringen? »Heirat ist wie eine Wassermelone«, zitiert Samira ein iranisches Sprichwort. »Du weißt nie, was drin ist, bevor du sie aufmachst.« Aber dann zwinkert sie mir zu: Es gibt ein Geheimnis. Sie gießt mir ein Glas Melonensaft ein und erzählt.

Samira war 18 als Kian in ihr Leben trat. Sie fühlte sich einsam, obwohl sie rund um die Uhr von Familie und Klassenkameraden umringt war: eingeengt und merkwürdig haltlos zugleich. Sie sehnte sich nach mehr, ohne zu wissen, was dieses mehr genau sein sollte. Kurz vor den Abschlussprüfungen rutschten ihre Noten in den Keller. Das Allheilmittel iranischer Eltern hieß: Heirat. Sie hilft bekanntlich gegen alles: Schwermut, Zukunftsangst, Fernweh …

Von nun an tranken jeden zweiten Abend fremde Familien im Wohnzimmer Tee, betatschten Samira mit den Augen und sprachen über sie in der dritten Person. »Das war eher Viehmarkt als Dating«, sagt Samira. Und es ähnelte schon gar nicht den Holly-

woodfilmen, die sie so sehr liebte. Würde Richard Geres Vater beim ersten Kennenlernen die Gebärfreudigkeit ihrer Hüften kommentieren? Würde die Mutter von George Clooney Vorträge über die Weizenallergie ihres Sohnes halten?
Samiras einziger Trost war ihr Computer, ein Fenster zu ihrer geliebten englischsprachigen Welt und zu Männern außerhalb der Familie. In einem lokalen Chat lernte sie Kian kennen. Wort um Wort, Satz um Satz erzählten sie sich ihr Leben, schickten sich Gedichte. Es ist einfach, die Wände zwischen zwei Seelen einzureißen, wenn man genau weiß, dass zu viele reale Wände dazwischen sind. Kian würde für immer eine Liebe außerhalb von Raum und Zeit bleiben. Seine Familie erwartete, dass er nach dem Studium ein Mädchen aus seinem Heimatdorf heiratete.
In der Zwischenzeit schmetterte Samira alle Bewerber ab: Nase zu lang, Beine zu kurz, Familie zu strikt. Die Eltern schöpften langsam Verdacht, fanden insgeheim aber selbst, dass kein Ehemann gut genug für ihre einzige Tochter war.
Nach den Abschlussprüfungen schloss Samira einen Deal mit dem Schicksal: Sollten ihre Eltern sie außerhalb von Yazd studieren lassen, würde sie Kian aus ihrem Leben streichen. »Aber wir planen, und Gott lacht«, sagt Samira. Sie durfte tatsächlich nach Esfahan ziehen, aber Kian vergessen konnte sie nicht. Er schrieb sehnsüchtige E-Mails, die alle unbeantwortet blieben. Dann verschwand er plötzlich für zwölf Tage aus dem Netz.
Krank vor Sorge machte Samira dem Schicksal neue Angebote: Wenn er lebt, mache ich alles. Als Kian wieder im Chat auftauchte, beschimpfte sie ihn wüst. Er antwortete mit einem Heiratsantrag. Er wollte seine Gefühle testen, sagt er, und ja, es stimmt, er kann wirklich nicht ohne sie leben. Gesehen hatten sie sich noch nie.

Vier Monate später hatte Kian sein Abschlussexamen an der Akademie für Zahnmedizin und bat Samira um ihr Büchlein, in das sie Gedichte schrieb – als Glücksbringer. Samira war gerade zu Besuch bei ihren Eltern und versprach, es um zehn Uhr beim Portier der Universität abzugeben. Aber ausgerechnet an diesem Tag verschlief sie, rannte ungeschminkt, ungekämmt und mit durchgeschwitztem Kopftuch zur Uni. Einen Portier gab es nicht. Dafür stand Kian vor der Tür.

An diesem Tag gab sie ihm ihr Ja-Wort. Ein paar Monate später saß Kians Familie zu Hause bei Samira auf dem Sofa. In der elterntauglichen Version ihrer Geschichte wurde sie zu einer Patientin, die ihm einfach nicht mehr aus dem Kopf gegangen war. Samiras Vater gefiel Kians fromme, kinderreiche Familie. Doch zwischen den klebrigen Süßigkeiten und Höflichkeitsfloskeln gaben die Schwiegereltern in spe zu verstehen, dass sie sich eine andere Braut für ihren Sohn vorstellten. Die Eltern tranken schweigend Tee, und auch die Kinder mussten den Mund halten – sie kannten sich ja offiziell nicht.

Doch auch die strikteste Familie kann nicht tatenlos zusehen, wie Liebeskummer ihren Sohn auffrisst. Ein halbes Jahr später kamen sie wieder und gaben sich diesmal etwas mehr Mühe, begeistert auszusehen. Doch dieses Mal sagte Samiras Vater Nein: »In eine Familie heiraten, die dich nicht mag – das reißt dich entzwei.«

Ohne die Erlaubnis des Vaters kann ein Mädchen im Iran nicht heiraten, also kratzte Kian seinen gesamten Mut zusammen und ging allein zu Samiras Familie: »Ich verspreche, dass ich Ihre Tochter glücklich machen werde«, sagte er.

»Er ist ein guter Mann«, sagte Samira. »Ich will mit ihm zusammen sein. Aber nicht ohne deinen Segen.« Der Vater antwortete: »Ihr dürft euch ein Jahr lang nicht sehen. Wenn eure Liebe danach immer noch so stark ist, habt ihr meine Erlaubnis.« Und

Kian und Samira hielten sich daran. Beim Skypen blieb die Kamera immer aus.
Eine wolkenlose Liebe, auf immer glücklich konserviert mit einem Kuss, gibt es aber nur auf der Leinwand. Im echten Leben beginnen die Probleme erst nach dem Happy End. Als ich die Hochzeitsbilder sehen will, winkt Samira ab: »Bitte nicht, ich sehe darauf ganz verheult aus. Es war kein guter Tag.«
Am Tag der Hochzeit zerreibt, laut iranischem Brauch, eine verheiratete Frau zwei Zuckerhüte über den Köpfen der Frischvermählten und taucht deren Finger in Honig, damit ihre Ehe einen süßen Anfang hat. Kians Familie guckte mit Essiggesichtern zu. Und als alle Frauen mit Zagrat anfingen, den Trillergeräuschen, die die Ankunft der Braut ankündigen, saßen sie nur schmallippig da. Samira war ihnen zu unabhängig: Sie hatte einen Führerschein, ein eigenes Bankkonto, einen eigenen Kopf. »Kians Verwandte meckern und lästern, kommen aber trotzdem jeden zweiten Abend unangemeldet zu Besuch«, sagt sie und zitiert ein iranisches Sprichwort: »Deine Familie mag dich auffressen, aber die Knochen geben sie keinem Fremden heraus.«
Verlief ihre Liebesgeschichte so, wie sie es sich in ihrer Fantasie erhofft hatte? Oder muss man sich, wenn man erwachsen ist, von Träumen verabschieden? »Ohne Träume geht es nicht«, sagt sie. »Ich habe mir einfach einen kleineren, einen stilleren Traum gesucht.« Ist sie mit Kian glücklich? »Den anderen zu lieben, das ist nicht nur ein starkes Gefühl, das ist eine Entscheidung, ein Versprechen.« Und mehr sagt sie dazu nicht.

Eine Verkäuferin macht Pause am Markt von Phnom Penh.

Die berühmten Ruinen von Angkor Wat.

Ein Mädchen vor ihrer Haustür in Phnom Penh.

Kambodscha

Hochzeitsfotoshooting.

Kambodscha

FAKTEN

Einwohner: 14,86 Millionen (2012)
BIP pro Kopf: 946 USD (2012)
Scheidungsrate: Offizielle Zahlen aus neuerer Zeit sind schwer zu finden. Da Scheidung als Tabu und Stigma gilt und viele Frauen nicht um ihre juristischen Möglichkeiten wissen, soll die Rate sehr niedrig sein.
Geburtenrate: 2,89 Kinder pro Frau
Heiratsalter: Frauen: 22, Männer: 24,9 (2010)

Kosenamen

Oun Samlanh (für Männer),
Bong Samlanh (für Frauen): Liebling
Songsaa: Schatz, Süße/r

Unübersetzbare Ausdrücke

Kun: Ansammlung guter Taten, die man jemandem angedeihen lässt. Kun verpflichtet aber auch die Person, der die guten Taten zugute gekommen sind, sie zurückzugeben. Die Kambodschaner sagen dazu sáng kun (sáng – zurückgeben, kun – gute Tat).

Liebesweisheiten

Zehn Flüsse sind nicht genug für einen Ozean. (Soll heißen: Zehn Frauen reichen nicht für einen Mann.)
Für die Nachrichten des Herzens lese das Gesicht.

Phnom Penh: Sophoeurn und Nakry – ein ganz irdisches Glück

Am ersten Tag in Kambodscha scheint der Iran bereits wie ein glücklicher und anstrengender Traum, den jemand anders vor langer Zeit geträumt hat. Die Hitze von Teheran verhält sich zu der von Phnom Penh wie die schwedische Sauna zum Dampfbad – mit einem Aufguss in der Note Grillfleisch und Benzin. Ich habe noch nie eine Stadt gesehen, die gleichzeitig so wuselig und so tiefenentspannt ist. Trickser tricksen, Bettler betteln, Fahrer leiern ihr »Sexyladytuktuk? Sexyladytuktuk?« Aber niemand hetzt, niemand macht überflüssige Bewegungen. Der Mekong fließt faul vorbei. Die Sonne kriecht unter die Dächer der Pagoden. Die Einzigen, die huschen, sind Touristen. Ich sitze auf dem Rasen vor Wat Phnom, dem höchsten buddhistischen Tempel der Stadt, und esse Reis-mit-irgendwas, zum dritten Mal an diesem Tag. Neben mir sitzt Piseth, ein unermüdlicher Dynamo von einem Menschen, der gleichzeitig erzählt, gestikuliert, sich mit einem Tuch abtupft und ordentliche Reishäufchen in seinen Mund schaufelt. Piseth ist genauso groß wie ich (nicht sehr groß) und genauso alt (25). Wir haben uns über Couchsurfing.org kennengelernt, aber übernachten kann ich bei ihm nicht – es ziemt sich nicht, weil ich eine Frau

bin. Und außerdem hat er noch kein Gästebett. Darauf spart er noch.
Piseth hat nicht viel Geld, aber er fühlt sich reicher als Krösus. Bevor er zum Informatikstudium nach Phnom Penh kam, war er ein Pagoda-Boy – ein armer Junge, der bei den Mönchen wohnte, während er zur Schule ging. Das ist in Kambodscha nicht ungewöhnlich: Waisen oder Kinder armer Eltern können den Mönchen beim Kochen und Almosensammeln helfen und bekommen dafür ein Dach über dem Kopf und eine Mahlzeit.
Als kleiner Junge stand Piseth mit einem Sack Kleider, einem Sack Reis und einem Empfehlungsbrief des ältesten Mönches seines Dorfes vor den Türen der Pagode. Er war ein guter Schüler und konnte später mit Stipendien in Phnom Penh studieren. Und jetzt sei er ein richtiger Mann! Er hat sein eigenes Zimmer, ein Moped, ein abgeschlossenes Studium. Aber als ich ihn nach einer Liebesgeschichte frage, wird er rot: Vielleicht fehle ihm doch noch etwas zum richtigen Mann. Zum ersten Mal ist der menschliche Dynamo still. Piseth denkt nach.
Dann: eine Explosion. Sein Mitbewohner! Sophoeurn! Er war auch ein Pagoda-Boy! Und ein Mönch! Und jetzt ist er verheiratet! 600 Leute waren bei der Hochzeit! Ich muss ihn unbedingt kennenlernen! Los geht's!
»Aber bist du sicher, dass er mich kennenlernen will?«, frage ich.
»Oh«, sagt Piseth. »Vielleicht hast du recht. Er ist ein sehr guter Mann. Sehr bescheiden. Spricht nicht gern über sich.« Wir schreiben Sophoeurn eine SMS. »Oh mein Buddha!«, schreibt er zurück. Er fürchte, dass sein bescheidenes Leben des Niederschreibens nicht würdig sei, seine Englischkenntnisse zu gering und sein kleines Zimmer den Besuch nicht gewohnt. Aber letztendlich dürfen wir kommen.

Auf Piseths Moped ziehen wir vorbei an den Prachttempeln und Elendsvierteln, Hochhäusern und Holzverschlägen; vorbei an BMWs und Mopeds, auf denen sich fünfköpfige Familien stapeln, Hühnerkäfige oder Paare. Die Jungs sitzen am Steuer, die Mädchen hinter ihnen – viele von ihnen nicht rittlings wie ich, sondern seitlich wie adelige englische Ladys auf einem Ross. Die Mütter tragen Sarongs, die Töchter Miniröcke und Tattoos.
An einigen Straßen scheint Phnom Penh der Nabel der Welt. An anderen eher wie die Achsel – heiß, feucht, üppig bewachsen und stinkend. Nach einer halben Stunde biegen wir in eine unbefestigte Straße ein. Abseits der Touristenpfade fällt es schwer zu glauben, dass die Stadt einst als eines der Zentren für Discountsex und billige Drogen verschrien war. Wenn es stimmt, dass Phnom Penh nie schläft, dann gilt das woanders: In diesem Viertel sind die Straßen um kurz nach sieben fast leer. Wahrscheinlich hat der Alltag der kambodschanischen Familien so viel mit dem Rotlichtmilieu zu tun wie das Familienleben der Deutschen mit der Puffmeile in ihrer Stadt.
Die Wohnung, in der Piseth, Sophoeurn und noch zwei weitere Männer leben, ist klein: Es gibt keinen Ort, an dem kein anderer ist. Und außerdem kein Bad und keine Küche. Durch einen Türspalt können wir einen Blick in Sophoeurns Zimmer werfen. Abgesehen von einer Matratze und Büchern ist es leer. Sophoeurn sitzt auf dem Boden und starrt still ins Universum. Nein, falsch. Als wir die Tür aufmachen wird klar, dass er sich ein YouTube-Video anschaut.
Sophoeurn ist 32. Er hat ein junges Gesicht und alte Augen, trägt Jeans und T-Shirt, aber das mit so viel Würde, dass ich mich sofort für meine Shorts und dreckigen Flipflop-Füße schäme. Ihm die Hand zu geben scheint so unangebracht, wie die Queen zu umarmen, also grüße ich ihn mit Sampeah – dem

kambodschanischen Gruß, bei dem man die Hände gebetsartig aneinanderlegt und sich verneigt.

Sophoeurn war sieben, als seine Eltern starben. Er wurde zum Gotteskind – einem Waisen, der in der Pagode wohnte und von den Mönchen unterrichtet wurde. Er war ein guter, frommer Schüler. Noch bevor er mit zwölf zum Mönchsnovizen wurde, hielt er sich an die Regeln seiner Lehrer: nur zwei Mahlzeiten am Tag essen, die letzte davon vor 12 Uhr mittags – zubereitet aus dem Essen, das die Kambodschaner morgens in die Bettelschalen der Mönche legen. Kein Geld anfassen und keine Frau. Keine Popmusik, kein Fußball, keine Süßigkeiten.

Im Buddhismus, wie er in Kambodscha praktiziert wird, müssen Mönche nicht lebenslang Mönche bleiben. Viele machen das nach dem Schulabschluss, wie ein soziales Jahr oder eine Weltreise bei uns in Deutschland. Allen jungen Männern wird nahegelegt, zumindest für ein paar Monate mönchisch zu leben – um Herr ihres Verlangens zu werden und das Ansehen der Familie zu steigern.

Diejenigen, die die Armut ins Kloster getrieben hat, legen die Robe oft ab, sobald sie auf eigenen Beinen stehen. Sophoeurn war einer der Glücklichen, die dank eines Stipendiums studieren konnten – Buddhistische Philosophie in Phnom Penh –, doch nach dem Abschluss entschloss er sich, in den Wat zurückzukehren, in dem er aufgewachsen war.

»Wolltest du nicht das Leben mit all seinen Höhen und Tiefen ausprobieren, bevor du dich davon abwendest?«, frage ich.

»Nein. Ich hatte kein Verlangen danach.«

»Aber wolltest du nicht wissen, wie sich das anfühlt, dieses Verlangen?«

»Oh, das wusste ich sehr gut. Ich habe ja mein Leben lang dagegen gearbeitet.«

Das wird ein langer Abend werden, denke ich. Mr Wunschlos erklärt die Liebe dem Mädchen, das fünf Jahre lang ein Zitat von Jack Kerouac über ihrem Schreibtisch hängen hatte: »Denn die einzig wirklichen Menschen sind für mich die Verrückten, die verrückt danach sind zu leben, verrückt danach zu sprechen, verrückt danach, erlöst zu werden, und nach allem gleichzeitig gieren – jene, die niemals gähnen oder etwas Alltägliches sagen, sondern brennen, brennen, brennen wie fantastische gelbe Wunderkerzen.«

Ich habe das Leben schon immer mit großen Löffeln gegessen. Ich stopfe es in mich hinein, als wolle es mir jemand wegnehmen. Sogar Beruhigungstee trinke ich auf Ex. Und wenn ich entspanne, dann so effizient, als sei ich bei einem Entspannungswettbewerb. Meditieren bringt mir keine Erleuchtung – sondern Wadenkrämpfe.

Wenn ich alles richtig verstanden habe, ist Lebensgier für Buddhisten alles andere als eine wünschenswerte Qualität: Alles Leiden kommt vom Verlangen. Außerdem glauben Buddhisten an die Reinkarnation: Wer ein gutes, gerechtes Leben führt, wird in ein besseres Leben geboren. Wer ein Arsch ist, findet sich womöglich als Mistkäfer wieder. Das Ziel ist, immer wieder in bessere Leben hineingeboren zu werden, bis man endlich das Nirwana erreicht. Ich male es mir als einen Ort der Ruhe und des Friedens aus – ein freundliches, friedvolles Nichts.

Ich kann mir nur nicht vorstellen, wer freiwillig an diesem Ort sein wollen würde.

»Ich wünsche mir innere Ruhe. Aber ich würde nicht ohne Hunger leben wollen – essen ohne Hunger, lieben ohne Hunger …«, sage ich.

»Warst Du jemals wunschlos glücklich?«, fragt Sophoeurn.

»Klar! Wenn man verknallt ist, und die Nacht warm und der Wein gut ist. Dann scheint alles andere egal.«
»Stell Dir vor: Mein ganzes Leben war so. Ganz ohne Sommernacht und Wein.«
Zugegeben, es hört sich verlockend an: das Glück nicht jagen zu müssen, sondern es immer in sich zu tragen, ein kleines Eckchen in deinem Kopf, in dem kein Schuh drückt und kein Magen knurrt. Sophoern fühlte sich wohl dort – an diesem windstillen, zufriedenen Ort.
Bis Nakry kam.
Eigentlich war sie schon immer da gewesen: ein knochiges Mädchen mit stramm geflochtenen Zöpfen, das zu Feiertagen mit Gaben in den Wat kam. Nakry stammte aus einer guten Familie mit fleißigen Händen und vollen Mägen, die immer große Almosen gab und viel Zeit im Wat verbrachte. Aber in den Jahren, in denen Sophoeurn in Phnom Penh studiert hatte, war aus dem Mädchen eine Schönheit geworden: zuckerweiße Haut, Beine schlank wie die Stängel der Lotusblumen; winzige Füße, die geräuschlos über den Boden schritten. Zum ersten Mal sah er sie – so.
Wobei »sah« das falsche Wort ist. Mönche müssen in Anwesenheit von Frauen den Blick senken. Die einzige Frau, die ein Mönch anfassen oder anschauen darf, ist seine Mutter. Alle anderen darf er selbst bei der Almosengabe nicht berühren – sie legen die Spenden in greifbare Nähe oder auf ein spezielles Tuch.
Ich stelle mir Sophoeurn und Nakry vor: er ein weiser, alter Mann von 26 Jahren. Sie eine zierliche Achtzehnjährige mit hellen Augen, die in Kambodscha so begehrt sind, und nach denen er sich auf keinen Fall verzehren durfte. Sophoeurns Weg war die Loslösung von allem Irdischen. Und nichts hält dich so sehr auf der Erde wie ein Paar schöne Augen.

Sophoern fing an, die Feiertage gleichzeitig zu fürchten und sie herbeizusehnen. Zwei Jahre sahen sie sich regelmäßig, ohne ein Wort miteinander zu sprechen. Aber einmal, als er die Dorfbewohner im Hof in den Lehren Buddhas unterwies, stellte Nakry ihm Fragen. Und am Abend hatte er Schwierigkeiten, seine Gedanken zum Stillstand zu bringen.

»Diese Verliebtheit, die mich quälte, war eine Besessenheit. Ein äußerst egoistisches Gefühl«, sagt Sophoeurn. »Verstehst du, ich wollte, dass es aufhört. Aber es ging nicht! Als sei ich krank.«

Ha!, denke ich. Auch die Weisesten sind gegen die Verknalltheit, diesen westlichen Virus, nicht immun. Aus dem zufriedenen Mönch war ein Teenager mit Liebeskummer geworden. Und es muss ihn heftig erwischt haben: Er hatte mit 26 ja noch keinerlei Abwehrkräfte.

Sophoeurn stolperte nur so durch die Tage. Er stürzte sich in die Arbeit, nahm ab, wandte sich verstärkt seinen Pflichten zu. Das buddhistische Mittel gegen Liebeskummer lautet: Liebe besser, liebe mehr. Liebe das Leben und die Menschen, die wegen eines Ratschlags zu dir kommen. Aber abends – da kreisten seine Gedanken um sie.

»Ich dachte, wenn mein Glaube nur stark genug wäre – dann könnte ich meine Verliebtheit wegbeten, wegfasten oder wegmeditieren«, sagt er. »Aber vergebens.«

»Das Einzige, was ich nicht verstehe ist: Warum wolltest du dieses Gefühl unbedingt loswerden?

»Ich weiß, dass dort, wo du herkommst, Verliebtsein sehr wichtig ist.«

»Ist das eine schlechte Sache?«

»Nein, nicht unbedingt. Aber manchmal wundere ich mich schon: In deiner rationalen Welt, die an nichts mehr glaubt, ist die Liebe das Einzige, was heilig ist.«

»Hm«, sage ich.
Hat er recht? Ist Verliebtsein die einzige übernatürliche Erfahrung, die uns bleibt? Aus Sophoeurns Sicht muss der Westen wahrlich liebesbesessen erscheinen: All die Filme und die Bücher über die Liebe; und selbst ich kenne kaum ein Lied, das sich nicht um Herzensangelegenheiten dreht.
Verliebtsein ist das einzige Gefühl, von dem wir uns gern von der Pflicht zur Vernunft ablenken lassen. In diesem rauschhaften Zustand wird Leben plötzlich zu LEBEN!, einem Zustand in dem alles mit Großbuchstaben und Ausrufezeichen geschrieben wird. Die rationalsten Menschen erhoffen sich bodenloses Glück von ihrer einzig wahren Liebe – obwohl die fünf großen Lieben zuvor schon gescheitert sind.
Irgendwann gab Sophoeurn den Kampf gegen seine Gefühle auf, schaute nicht mehr auf die Warnschilder und rief sie an. Es ist ja nicht verboten, mit einer Schülerin am Telefon zu sprechen – schließlich unterhielten sich die beiden nur über Buddhismus. Verboten waren aber gewiss die Gefühle, die solche Gespräche in Sophoeurn auslösten.
Vier Jahre haben Sophoeurn und Nakry telefoniert. Sich unter vier Augen sehen: unmöglich. Hätte ein Nachbar etwas Unsittliches vermutet, wäre Nakrys Ruf nie wieder reinzuwaschen gewesen. »Jungen sind wie Diamanten, Mädchen wie Baumwolle«, sagt man in Kambodscha. »Egal in welchem Dreck sich der Junge wälzt, er kommt immer unbefleckt heraus. Wenn die Frau ein Mal beschmutzt wurde, wird sie nie wieder weiß erstrahlen.«
Nakry unterrichtete inzwischen Literatur in der Dorfschule. Sie war 24, und das ganze Dorf war besorgt: so schön, so gebildet, so weiß – und ohne einen Mann! Nakry hatte viele Verehrer, sogar ein Polizist war darunter. Sie hatte ein gutes Horoskop und einen tadellosen Ruf.

»Hat sie gesagt, dass sie in dich verliebt ist?«, frage ich.
»Oh Buddha, natürlich nicht. Sie war so schüchtern. Die ideale Frau«, sagt Sophoeurn.
»Und du hast nicht den ersten Move gemacht, weil es dein Ziel ist, das Nirwana zu erreichen.«
»Inzwischen sah ich ein, dass für mich wohl ein anderer Lebensweg vorgesehen war, als ich geplant hatte. Aber ich war immer noch ein Mönch ohne einen Riel.«
In einem Land, das durch insgesamt über 20 Jahre Bürgerkrieg gegangen war, durch Jahre des Kommunismus, der Isolation und schließlich der Fremdbesatzung, wo viele Menschen von weniger als drei Euro am Tag leben, muss man das Verlangen nach Liebe mit dem Verlangen zu essen koordinieren.
Erst als Sophoeurn eine Stelle an der Universität in Phnom Penh angeboten wurde, hielt er um ihre Hand an.
»Jeder hat seinen eigenen Weg im Leben – und meiner war Nakry.«
»Hat sie sofort Ja gesagt?«
»Ich fragte natürlich nicht sie, sondern ihre Eltern«, erzählt er und grinst. »Sie mochten mich schon immer. Und wenn die Tochter bereits über 20 ist … Dann nimmt man auch einen armen Mönch.«
»Und dann hab ihr euch geküsst?«
»Oh Buddha! Natürlich nicht!«, lacht er. »Das passiert nur in euren Filmen.«
Geküsst haben sie sich erst nach der Hochzeit. Nakry lebt immer noch in der Provinz Kampong Speu. Sophoeurn unterrichtet Buddhismus an der Universität in Phnom Penh. In einem Jahr hoffen sie, genug Geld beisammenzuhaben, um zusammenziehenzukönnen. Sie sind ganz irdisch glücklich.

Phnom Penh: Wa(h)re Liebe

Die Hitze im Zimmer ist schwer, wie etwas, das hierhergekommen ist, um zu sterben. Die Klimaanlage funktioniert nicht. Der Kühlschrank funktioniert nicht.

Es ist eines dieser Hostels, es ist einer dieser Tage. Ich bin Jetlagblöde. Ich habe seit fünf Tagen Durchfall. Hostels scheinen die ambivalenteste Sache der Welt – Brutstätten für die besten Qualitäten der Menschen und für die furchtbarsten. Alle sind entspannt, alle sind offen, alle fragen viele Fragen. Niemand fühlt sich für den Schlüpfer im Flur verantwortlich, niemand dreht die Musik jemals leiser, niemand interessiert sich für die Antworten.

Wahrscheinlich habe ich einfach den Reiseblues. Es ist nichts Schlimmes passiert. Aber urplötzlich bin ich sehr allein in diesem Zimmer, in diesem Land, auf diesem Planeten, in diesem Universum. Draußen regnet es seit einer Stunde, aber das ist jetzt egal. Ich checke vorzeitig aus und laufe unter die tropische Dusche. Der Rucksack rutscht auf der feuchten Haut, kleine Rinnsäle aus Regen, Schweiß und rotorangem Staub fließen die Beine hinunter. Mein Bus von Phnom Penh nach Siem Reap kommt erst in sieben Stunden.

Vor mir läuft ein Kambodschaner undefinierbaren Alters. Ich glaube, einen Ehering an seiner Hand aufblitzen zu sehen – Liebesgeschichte! Als er in eine Bar in einem Seitensträßchen einbiegt, gehe ich hinterher. Er sieht nicht aus, als erwarte er Freunde, also quetsche ich mich auf den leeren Barhocker neben ihm und bestelle ein Bier. Er spricht Englisch, er ist ein Handyverkäufer, er ist sehr freundlich. Bis ich ihn auf seine Ehefrau anspreche. »Ich sammle Liebesgeschichten aus aller Welt«, sage ich. »Für ein Buch.« Ich wollte nicht stören, ich weiß, dass es seltsam ist, unbekannte Ehemänner in einer Bar anzusprechen, aber der Ring …

Der Kambodschaner rutscht auf seinem Barhocker hin und her und hat plötzlich sein gesamtes Englisch verlernt.

»Wo haben Sie zum Beispiel ihre Frau kennengelernt?«

Anstatt einer Antwort nimmt er seine Bierflasche von der Theke und wieselt durch die Menschenmenge zur Tür hinaus.

Ich schäme mich für meine Aufdringlichkeit. Garantiert ist es in dieser Kultur sehr unhöflich, nach solchen intimen Dingen zu fragen.

»Du bist im falschen Laden für Liebesgeschichten. Und im falschen Land. In Kambodscha gibt es kein Happy End, höchstens ein Happy Ending, hehe.« Ein Mann, 40 oder 50 Jahre alt, blonder Bart, hat den Platz des flüchtigen Kambodschaners eingenommen. Wenn er lacht, zuckt sein Schnurrbart wie die Schnurrhaare eines kleinen Nagers.

»Der war auf der Suche nach einer Hure«, sagt er.

Ich sauge schweigend an meiner Bierflasche.

»Du glaubst mir nicht? Dann guck dich mal um.«

Ich schaue genauer ins Halbdunkel der Bar. Ein paar Kambodschaner trinken Bier. Weiße Männer mit roten Gesichtern trinken Bier. An ihren Tischen zwitschern Kambodschanerinnen in glänzenden Stretchkleidern, die knapp unter den Arschbacken aufhören. Am Hintern der einen klebt eine haarige Pranke.

»Jetzt willst du hier so schnell wie möglich raus, stimmt's?«, sagt der Blondbart und lacht.
»Nein«, sage ich. Lüge.
»Ich war selbst mal Backpacker«, sagt er. »Ich weiß, wie ihr uns armseligen Würstchen hier nennt. Sexpats. Huristen. Die Mischung aus Worten, die ihr am meisten hasst: Hure und Tourist. Denn du bist natürlich keine Touristin. Und Huren hast du noch keine gesehen. Weil du sie nicht sehen willst.«
Zugegeben, er hat recht: Jedes Mal, wenn ich leicht bekleidete Teenager in die Nacht stöckeln sah, redete ich mir ein, dass es das Klima sein müsse, die Mode, der westliche Einfluss.
Mein Gesprächspartner grinst selbstzufrieden. Er hat eine unregelmäßige Bräune. Die sonnengebleichten Haare liegen auf seinem Kopf wie eine tote Katze. Sein aufgedunsenes Gesicht sitzt direkt auf den Schultern. Er trinkt sein Bier so schnell wie ich Wasser an einem heißen Tag: gedankenlos, gierig, ohne betrunken zu werden. Ich finde ihn faszinierend und abstoßend zugleich.
»Wie alt bist du?«, fragt er.
»25«, sage ich.
»Hast bestimmt Psychologie studiert? Oder Sozialwissenschaften?«
»Kommunikationswissenschaften und Psychologie. In Berlin.«
»Anthropologie. In Amsterdam«, sagt er. »Cheers. Auf die Nutzlosigkeit.«
»Wie heißt du?«, frage ich.
»Ist doch egal. Du kennst meinen Namen nicht, ich will deinen nicht wissen. Und um Mitternacht nimmst du den Nachtbus nach Siem Reap.«
»Woher …?«
»Macht ihr doch alle«, sagt er und bestellt ein neues Bier. »Um eine Hostelübernachtung zu sparen. Warum hast du eigentlich den Kambodschaner ausgefragt?«

»Weil ich Liebesgeschichten aufschreibe«, sage ich und fühle mich sehr dumm und klein. »Ich muss dann mal los.«
Aber diesmal verkneift sich der Blondbart das Grienen.
»Ich kann dir eine Geschichte erzählen, die du nicht verstehen wirst.«
Ich weiß nicht, warum ich bleibe. Ich weiß nicht, warum er mit mir sprechen will. Ist ihm langweilig im Expat-Paradies, in dem alle den ganzen Tag herumsitzen, trinken und übereinander lästern? Haben das Bier und die Anonymität seine Zunge gelockert? Mit niemandem kann man so ehrlich sein wie mit einer Unbekannten in einer Bar.
»Ich war ein Jahr jünger als du, als ich das erste Mal nach Phnom Penh kam«, erzählt er. »Das war Mitte der Neunziger. Kambodscha war der perfekte Ort, um ein paar Jahre seines Lebens zu verschwenden. Gras wurde per Kilogramm verkauft, ein Blowjob kostete so viel wie zwei Coca-Colas.« Nach zwei Monaten in Phnom Penh beschloss er, sich hier niederzulassen. Er war seit zehn Monaten in Asien unterwegs gewesen und hatte genug davon, die Wochentage nur anhand der Drinkspecials unterscheiden zu können. Es war nicht so, dass er Amsterdam vermisste, aber er hatte Heimweh, wortwörtlich: Sehnsucht nach einem Heim. Nach einem Zuhause, aus dem ihn die Reinigungskraft nicht um zwölf Uhr mittags herausfegte.
Er suchte einen Job in einer englischsprachigen Bank und mietete ein Zimmer in einer günstigen Pension: ohne Klimaanlage, aber auch ohne Kakerlaken. Ein Haus voller Loser und haariger Intellektueller, die ihr Studium abgebrochen hatten, um einer Karriere im Kiffen nachzugehen. Jeden zweiten Sonntag gab es organisierte Trips zu Bordellen außerhalb der Stadt. In Amsterdam war er schon bei einer Prostituierten gewesen. Aber das hatte wenig mit dem hiesigen Billigsex zu tun. Er hatte Schiss.

Schiss vor AIDS. Schiss davor, seinen Selbstrespekt zu verlieren. Oder es zu sehr zu mögen.
»Aber der Mensch gewöhnt sich an alles«, sagt er. Der Magen rebellierte nicht mehr so häufig gegen das Essen, das Gewissen nicht mehr gegen die Korruption. Seine Vorgesetzten fragten nicht, welche Mäuler die Gelder stopften, er verriet nicht, wo die ganzen Geschäftstreffen stattfanden: in Karaokebars. In Stripclubs. In Bordellen.
Zum ersten Mal landete er im Puff, als die kambodschanischen Partner beschlossen, einen Geschäftsdeal zu besiegeln. Viel Hochprozentiges ist an diesem Abend geflossen. Aus Scherz erzählte er, er habe Geburtstag. Weitere Flaschen wurden aufgemacht. An den Weg ins Bordell kann er sich kaum erinnern. Nur dass die unbefestigte Straße so staubig war, dass er danach kohlschwarze Popel hatte. Das Bordell war auf dem Land. Holzverschläge und davor Trauben von Mädchen: »Du! Sexy Mann! Schlafen! Du!!«
»Ich war betrunken und müde und neugierig«, erzählt der Blondbart. »Ich dachte, es wäre einfacher, mir das Ganze kurz anzugucken.« Er wollte nicht den Moralapostel spielen. Und er konnte sich kaum etwas Unangenehmeres vorstellen als zehn kambodschanische Geschäftsmänner, die ihrer Freitagnachtficks beraubt wurden: »Für die sind Bordellbesuche eine Art Beweis der Zahlungsfähigkeit. Sie stärken den Gruppenzusammenhalt und gelten als Zeichen, dass du ein vertrauenswürdiger Geschäftspartner bist, der es sich leisten kann, 100 Dollar in einer Nacht zu verballern.«
»Ich dachte, es sind hauptsächlich Touristen, die ins Bordell gehen«, sage ich.
»Ach, Quatsch«, sagt der Bärtige. »Die sind nur ein Bruchteil der Besucher. Und die zahlen den doppelten Preis. Kommerzi-

ellen Sex gibt es überall in Asien. Gut möglich, dass es sogar mehr davon gibt als in Amsterdam: Weil die ganze Familie hier oft ein Zimmer teilt, suchen kambodschanische Männer Sex auswärts.«

Der Unterschied: Der Sex hier war unsichtbar. Im Westen benutzt man Ärsche und Ausschnitte, um Mayonnaise und Waschmittel zu verkaufen. Für Kambodschaner sei Sex etwas, das nicht einmal im Rotlicht, sondern im Halbdunkel passiere. Die Mädchen sind ein Konsumgut. Ein notwendiger Gebrauchsgegenstand, über den man nicht viel zu reden braucht. Wie Klopapier.

In dieser Nacht hatten die besoffenen Kambodschaner ihre Spendierhosen an und machten ihm ein königliches Geburtstagsgeschenk: Sie bestellten eine Jungfrau.

Dann sangen alle Happy Birthday.

»Es war unmöglich abzulehnen. Sie haben garantiert mehrere Hundert Dollar bezahlt«, erzählt er.

»Hast du nicht eben erzählt, dass ein Mädchen so viel kostete wie zwei Coca-Colas?«, frage ich.

»Es ist eine verwirrende Preisliste«, sagt er. »Wenn du zu einem Friseur oder in ein Restaurant gehst, willst du, dass das Personal viel Erfahrung hat. Aber eine asiatische Prostituierte ist umso teurer, je weniger sie von Sex versteht.«

»Wie alt war deine?«

»15«, sagt er.

Nach weiteren Gläsern Schnaps wurde er in ein Zimmerchen geleitet, die Wände aus Sperrholz, kaum größer als eine Abstellkammer. Das einzige Möbel war ein Bett und darauf, ausgebreitet wie ein Seestern, lag ein dürres Mädchen. Sie hatte fast schwarze Augen und einen Puppenkörper; noch nicht mal richtige Brüste, nur Knötchen.

»Sie hatte Schiss davor, was ich mit ihr tun werde«, sagt er. »Aber sie hatte noch mehr Schiss, weil ich nichts tat.«
Er versuchte ihr zu erklären, dass sie ihr Geld so oder so bekommt, aber sie bedeckte ihre Augen mit ihren Handflächen und fing an zu heulen. Sie hatte zu viel Angst, sich den Befehlen ihres Arbeitgebers zu widersetzen.
»Ich denke wirklich, dass sie mit mir schlafen wollte. Sie hatte keine Lust, ihr erstes Mal mit einem wanstigen Ekel zu erleben. Aber ich – ich wollte keines von diesen Ekeln sein«, sagt er. »Sie hatte wirklich keine Ahnung. Sie streichelte meinen Schwanz durch die Jeans, wie man eine Katze streicheln würde. Bitte, bitte, sagte sie immer wieder.«
»Und dann?«
»Ein halb nacktes Mädchen saß heulend auf meinem Schoß und flehte mich an, mit ihr zu schlafen. Ich war 24 Jahre alt.«
»Also - ja?«
Der Blondbart kippt einen weiteren Schnaps hinunter.
»Wie hieß sie?«
»Das ist unwichtig. Nennen wir sie mal Botum.«
Ich habe plötzlich wieder Heimweh, will raus aus dieser öligen Nacht, in der die immer gleichen schönen Mädchen auf Schößen von vielen hässlichen Männern sitzen müssen.
»Weißt du, ich war nicht hässlich«, sagt er. »Ich hatte genug Mädchen. Für einen Mittzwanziger gab es einen todsicheren Weg, jede Nacht Sex zu haben: Bleib bis fünf Uhr morgens in einer Backpacker-Bar – und schraube deine Ansprüche drastisch herunter. Aber das hier war anders. Ich war nicht angeekelt von dem Mädchen. Ich war angeekelt von mir.«
Er blieb in ihrem Zimmer, bis die Sonne aufging, weil er keine Lust hatte, zu den Kambodschanern zurückzukehren und gefragt zu werden, wie sie gewesen war. Im Raum über ihnen lachte

jemand, oder hustete oder kotzte. Irgendwo quietschte ein Bett. Er wollte sagen: *Es tut mir leid*. Er wollte, dass sie sagt: *Schon okay.* Aber Botum sprach fast überhaupt kein English. Sie kannte Worte wie anal und Blowjob, aber konnte noch nicht einmal richtig zählen. Zum Abschied umarmte sie ihn. Er zahlte der Mama-san, der Aufseherin des Bordells, 50 Dollar damit sie Botum für eine Woche in Ruhe ließ. Er schwor sich, nie wieder an diesen Ort zurückzukehren.

Drei Tage später war er wieder da. Botum rannte auf ihn zu und strampelte in seinen Armen wie ein Fisch.

»Ich bin nicht dumm. Ich glaube nicht an Pretty Woman, besonders wenn die Hauptdarstellerin 15 ist und in Kambodscha lebt. Ich weiß, dass ich nicht die große Liebe für sie war, sondern das kleinere Übel.«

»Hattest du Schuldgefühle?«

»Ambiguität ist eine wunderbare Salbe fürs Gewissen: War ich ein Kinderschänder? War ich ihr Retter? Ich wusste, dass es falsch war. Ich wusste, dass ich ihr nicht für immer weitere Freiheitswochen erkaufen konnte. Aber ich konnte den Gedanken nicht ertragen, dass ein weißer Fettsack oder ein kambodschanischer Junggesellenabschied sie … Ich konnte es einfach nicht.«

»Konntest du sie nicht aus dem Bordell herauskaufen?«

»So viel Geld hatte ich nicht. Sie war hübsch, sie war jung. Sie hatten vor, mit ihr noch viel Kohle zu machen.«

Jede Woche hinterließ er 50 Dollar bei Mama-san, eine Art Kaution. Er fing einen zweiten Job an, als Tourguide. Er brachte Botum englische Kinderbücher, Blumen und Bonbons mit. Für fünf Dollar extra konnte er sie gelegentlich in die Stadt mitnehmen. Aber Phnom Penh machte ihr Angst, von Amsterdam ganz zu schweigen. Sie konnte viele Dinge über den Westen nicht glauben: dass grobes Vollkornbrot mehr kostete als weißes. Dass Frauen beleidigt sein konnten, wenn man für sie bezahlte. Dass es spezielle Heime gab, in denen nur Katzen und Hunde lebten. Jedes Mal, wenn er Andeutungen machte, dass er ihr das alles gern zeigen würde, vibrierte ihre Unterlippe wie eine angeschlagene Stimmgabel.

»Sie konnte den Gedanken nicht ertragen, durch einen Ozean von ihrer Familie getrennt zu sein. Dabei würde sie sie so oder so nie wiedersehen. Sie war ein Schandfleck für ihre Reputation, den kein Geld, das sie ihnen schickte, reinwaschen könnte. Niemand will etwas mit einer Frau zu tun haben, die ihren Körper verkauft. Ich war der einzige Mensch, den sie hatte. Sie gehörte mir allein.«

Er trinkt sein Glas in einem Zug leer, sein fünftes, und guckt mich mit einem schiefen Grinsen an.

»Oh, verzeih. In deiner Welt darf man niemandem ›gehören‹. Die Liebe ist ein Vertrag. Kooperieren. In eine Beziehung investieren. Warst Du jemals mit jemandem zusammen, ohne darüber nachzudenken: Was ist für mich drin?«

»Natürlich«, sage ich. »Ich bin mit der Idee aufgewachsen, dass gleichberechtigte Partnerschaften besser klappen.«

»Es ist einfach, jemanden zu lieben, wenn du dich jedes Mal aus dem Staub machen kannst, sobald du denkst, dass dein Input deinen Output übersteigt«, sagt er.

»Aber genau darum geht's. Man macht sich nicht aus dem Staub, obwohl man könnte. Man bleibt zusammen: Nicht, weil man nicht anders kann, sondern weil man nicht anders will.«

»Weißt du, wie schwer die absolute Verantwortung für einen Menschen wiegt? Es stimmt, ich habe mich noch nie in meinem Leben so mächtig gefühlt. Aber in meinem ganzen Leben habe ich nie so eine Zärtlichkeit gespürt, wie wenn ich ihr beim

Schlafen zuschaute. So … als sei sie mein Baby oder so. Es war auch egal, dass sie ein analphabetischer Teenager war.«

»Du sprichst von ihr wie von einem Haustier.«

»Wenn du wüsstest, wie viele Männer eher für ihre Hunde töten würden als für ihre Ehefrauen.«

»Das ist krank.«

»Ich habe gesagt, du wirst es nicht verstehen. Niemand schreibt Bücher und romantische Komödien darüber. Es war nicht Verliebtheit. Es war keine Dienstleistung. Es war einfach so, wie es war.«

»Denkst du, dass Sex für sie mehr war als eine Dienstleistung?«

»Sie machte immer den ersten Schritt. Und abgesehen davon bin ich noch nicht mal sicher, dass sie erwartete, dass Sex spaßig sein wird. Was wir hatten, unterschied sich nicht so sehr von einer Ehe, Sex war ein Teil des Gesamtpakets. Sie war glücklich, dass sie mich hatte. Wenn eine Frau nicht zu einem Mann gehört, gehört sie allen.«

Wem Botum jetzt gehört, weiß er nicht.

Er flog über Weihnachten nach Hause. Als er sich verabschiedete, schrie sie: »Fick den Hund!« Ihr Englisch war immer noch auf dem Level eines Grundschülers, aber ihr Sexvokabular war so umfassend, dass ihre Flüche extrem kreativ waren: Zwei Dollar Pussy Furz! Du Arschfick! Schwanzloser Schwanz! Dabei wollte er seine Comicsammlung verkaufen, seine Möbel, seine Stereoanlage, Geld von seinen Eltern ausleihen und sie aus dem Bordell herauskaufen.

»Ich konnte sie nicht mitnehmen – sie wäre ja noch für die nächsten drei Jahre minderjährig gewesen.«

»Und dann?«

»Sie hatte recht: Ich war ein schwanzloser Schwanz.«

Er sah seine Eltern wieder, beigegekleidete Rentner mit einer Reihenhaushälfte. Seine Schulfreunde heirateten andere Schulfreunde. Plötzlich sprachen alle über Parkettböden, über Bausparverträge und darüber, wo man seine Anzüge am besten reinigen ließ. Er fühlte sich plötzlich wie der armselige Perversling, der seine Tage zusammen mit seiner Teenager-Freundin verkiffte.

Das Flugzeug zurück nach Phnom Penh hob ohne ihn ab.

Er sendete Botum 2000 Dollar über einen Expat, den er kannte. Er suchte sich einen Bürojob. Er schlief mit Frauen mit dicken Oberschenkeln.

»Ich hielt es ein halbes Jahr aus. Als ich zurück nach Kambodscha kam, war sie verschwunden. Hat noch nicht einmal eine Adresse hinterlassen. Ich hoffe, sie ist inzwischen verheiratet. Auf ihre Gesundheit!«

»Bist du wegen ihr nach Kambodscha zurückgekehrt?«

»Ich bin hier, weil ich in keinem anderen Land funktionieren konnte. Es ist besser, ein Fremder inmitten von Fremden zu sein, als ein Fremder in der eigenen Familie. Und weil hier das Bier und die Liebe billig sind. Wo würde ich sonst so viel Zuneigung für 50 Dollar bekommen?«

»Weißt du, ein Zyniker ist des Arschlochs nächster Nachbar.«

»Ich schäme mich nicht dafür. Ich habe nur den Mut zuzugeben, dass Liebe eine einfache Transaktion ist, die beiden nützt. Überall auf der Welt behandeln sich Menschen wie Rohstoffe. Wir nehmen doch alle den besten Partner, den wir auf dem Heiratsmarkt kriegen können. Die Globalisierung dehnt einfach den Radius aus.«

»Nenn mich naiv, aber ich glaube immer noch, dass Liebe und Sex etwas mehr sind als eine Transaktion.«

»Es gibt eine Million Gründe Sex zu haben. Weil die Gelegenheit da ist. Weil du Bock hast. Weil du keinen Bock hast, aber nicht möchtest, dass die andere Person das merkt. Weil du einsam bist. Weil du gelangweilt bist. Geld scheint nicht der dümmste Grund zu sein. Cheers.«

Wir tauschen keine Namen aus. Und keine E-Mail-Adressen. Den Nightliner nach Siam Reap erwische ich nur knapp. In der Koje neben mir liegt ein eng umschlungenes Paar, zwei Backpacker, die sich irgendwo in Vietnam kennengelernt haben. Morgen werden sie sich die Ruinen von Angkor Wat anschauen, zusammen in Zehn-Dollar-Zimmern übernachten, zusammen Bier trinken, zusammen die Sterne anschauen und irgendwann getrennt weiterfahren.

War das wirklich so einfach? Eine Transaktion? Ich würde die Welt dafür geben, meinen Freund anrufen zu können. Aber natürlich reicht das Guthaben auf meinem kambodschanischen Handy nicht aus.

Shanghai bei Nacht.

Chinesische Paare tragen oft identische T-Shirts um zu zeigen, dass sie zusammengehören.

Ein alter Mann malt mit Wasser Schriftzeichen in einem Park in Peking.

China

China

FAKTEN

Einwohner: 1,351 Milliarden (2012)
BIP pro Kopf: 6 188 USD (2012)
Scheidungsrate: In den vergangenen Jahren stark ansteigend. 2012 kletterte die Rate in Großstädten wie Peking auf 41 Prozent.
Geburtenrate: 1,66 Kinder pro Frau
Heiratsalter: Frauen: 24,7, Männer: 26,5 (2010)

Kosenamen

Baobei: Schatz
Qīn ài de: Liebling
Xin'gan: Herz-Leber
Ein Kosename lässt sich auch bilden, indem man die letzte Silbe des Namens wiederholt. Heißt ein Mädchen Yu Chen, wird sie zärtlich Chen Chen gerufen.

Unübersetzbare Ausdrücke

Gagung (Kantonesisch) bedeutet wortwörtlich »nackte Äste«. Gemeint sind Männer, die durch das Ungleichgewicht der Geschlechter in China (eine Folge der Ein-Kind-Politik) allein bleiben müssen, ohne Chance auf Heirat oder Familie.

Liebesweisheiten

Liebe hat Gezeiten, vor der Ebbe musst du den Vorteil der Flut ausnutzen.
Von allen Leidenschaften ist Liebe die stärkste. Sie greift gleichzeitig den Kopf, das Herz und alle Sinne an.

Peking: Romantik nur auf DVD?

Peking ist in der einen Minute rauschend, voll und dreckig – und tot in der nächsten. Nachts liegt die Stadt verlassen da wie in einem postapokalyptischen Film. Morgens fährt die U-Bahn eine Menschensuppe durch die Gegend. Leute rollen von den Straßen die Stufen herunter und in die Züge, dick, dünn, groß, klein kochen sie über aus den Wagons. Noch nie auf meiner Reise fühlte ich mich so verloren: In Ägypten und in der Türkei kannte immer einer einen, der einen kannte, der Englisch sprach. In Kambodscha hat sich eine ganze Industrie darauf ausgerichtet, sich mit Touristen zu verständigen. Im Iran war ich kaum ohne meine übervorsorglichen Übersetzer unterwegs.

In China lebe ich bei Philipp und Dawn. Dawn ist Amerikanerin chinesischer Abstammung, Philipp ihr amerikanischer Freund. Vor drei Jahren zogen sie nach Peking. Beide müssen tagsüber arbeiten, also irre ich allein durch den Moloch, atme die Luft, die nach Schwefel und Kohlebriketts riecht, und jage Jungs und Mädchen in identischen T-Shirts – so machen Paare in China klar, dass sie zusammengehören. Seit einer Woche suche ich schon Verliebte: sieben Tage, keine Geschichte. Oft kommen wir nicht über ein Hallo hinaus. Und falls das Paar doch Englisch kann, ist es trotzdem so, als würde man unterschiedliche Sprachen sprechen.

Sie sind freundlich; sie freuen sich, mit mir zu reden; ihre Antworten sind präzise wie beim Militär, und ähneln sich wie die von Klonen. »Warum liebst du sie/ihn?«, frage ich. »Weil er klug ist.« »Weil sie einen hohen IQ hat.« »Weil er intelligent ist.« Wo habt ihr euch kennengelernt? »An der Uni.« »In der Unibibliothek.« »In der Unicafeteria.« Was ist Liebe? »Wenn man zusammen ist.« Warum seid ihr zusammen? »Weil wir uns lieben.«

Natürlich ist zum großen Teil die Sprachbarriere schuld, außerdem die Zurückhaltung der Chinesen und das Bizarre der Situation: Plötzlich steht eine Ausländerin mit einem Schreibblock vor dir und verlangt eine kohärente Geschichte über dein Intimstes. Aber ich habe schließlich auch nicht auf chinesische Romeos und Julias gehofft. Mir ist es bloß noch nicht passiert, dass sich die Interviews so sehr wie ein Verhör anfühlen. Als ich deutsche Paare für jetzt.de befragte, hatte selbst das schüchternste Paar eine Narration seiner Liebe parat: »Ich traute mich nicht … Wir hatten ein bisschen zu viel getrunken … Es war kompliziert, weil … Aber eines verregneten Abends …«

Es ist nicht einfach in China. Ich verstehe dieses Land nicht, noch nicht einmal das Essen. Stundenlang hänge ich fasziniert und ratlos am Schaufenster eines Ladens, in dem so viele Tofusorten ausliegen wie Käsesorten in den Galeries Lafayette. Oder ich studiere die englischsprachigen Menüs der Restaurants, die wahrscheinlich allesamt durch den Google Translator zustande gekommen sind: »Gebratenes Öl«, »Brennbare Nudeln mit Schwein«, »Lockere Windung«, »Fleisch mit Duft der alten Patentante Aubergine«, »mit Katzenohren« oder »geschrottetes Fleisch zieht die Haut«.

Letztendlich lande ich fast immer in einem Sichuan-Restaurant, wo allein der Essensduft meine Geschmacksknospen in Brand setzt. Es ist einer der wenigen Orte in China, an denen ich mich heimisch fühle. Die Topfpflanzen in der Empfangshalle sehen verblüffend nach Plastik aus, obwohl sie echt sind. Die muffingesichtige Besitzerin entblößt zur Begrüßung freundlich die Überreste ihres Gebisses. Ich lächle zurück und tippe stumm auf eines der Bilder auf der Speisekarte. Daraufhin bringt sie mir stets eine Riesenportion Chili, Knoblauch und Pfeffer gewürzt mit etwas Gemüse und Reis, setzt sich an den Nebentisch und guckt mir beim Kauen zu.

Manchmal holt sie ihren Mann dazu – einen steinalten Chinesen, so bucklig, als hätten sich alle seine 70 (80?, 90?) Jahre auf seinen Schultern gestapelt. Bis ich alles aufgegessen habe, schauen sie mich an wie ein Fernsehprogramm. Als ich einmal auf eine Chilischote biss und mir die Tränen kamen, knufften sie einander in die Seite und gaben Laute des Entzückens von sich.

Warum ich das alles erzähle: Ich habe sie sich küssen sehen. Kein Scheiß. Einmal wollte ich der alten Dame helfen und meine Teller selbst wegbringen. Und als ich die Drehtür aufstieß, standen sie am Spülbecken und ihre reptilienhaften Lippen haben sich berührt. Es war der erste Kuss, den ich in diesem Land sah. Es gab sie also doch, die Liebe in China!

Am deutlichsten wird sie auf Filmplakaten sichtbar. Die Reklametafeln sind voll von glücklichen Paaren: jungen Männern mit Heldenblick und Frauen mit extrablassen Gesichtern. In einem DVD-Laden, der Filme mit englischen Untertiteln führt, sehe ich eine Chinesin mit einem dicken Stapel chinesischer Liebesschnulzen. Ich frage sie, warum sie diese Art von Filmen am meisten mag.

»Oh, sie sind so romantisch«, antwortet sie.

»Ist Romantik nur etwas fürs Kino oder auch was fürs Leben?«

»Für mich ist es noch zu früh, über so etwas nachzudenken«, sagt sie und zuckt mit den Schultern. »Ich muss mich erst auf die Schule konzentrieren, und dann auf meine Karriere.«

»Und danach? Kannst du dir so etwas wie in den DVDs vorstellen?«

Die Filme in ihrem Stapel heißen: »Marrying Mr Perfect«, »Love is…«, »Ocean Flame«, »Echoes of The Rainbow«, »You are the Apple of my Eye.«

»Das sind doch nur Filme!«, sagt sie und lacht. »Da suchen sie immer nach dem einen. So eine Energieverschwendung! Es gibt allein in Peking Millionen Menschen, darunter sind garantiert Tausende, die passen!«

An meinem letzten Abend in Peking presse ich mich am Abend entmutigt in die U-Bahn. Eine Liebesgeschichte habe ich immer noch nicht. Dawn und Philipp versuchen mich zu trösten:

»Chinesen reden nicht mit Fremden über so etwas Privates wie Gefühle«, erklärt Dawn. »Und außerdem erzählen sie ihre Geschichte vielleicht nicht so, wie du sie gewohnt bist.«

»Wie meinst du das?«

»Peking wird dir sehr modern vorkommen, mit all seinen iPhones, iPads und Zahnspangen. Und gleichzeitig fehlen oft solche Modernitätssymptome wie Ironie oder diese Überzeugung, dass man ein ganz einzigartiger Mensch mit einer ganz einzigartigen Geschichte ist.«

Das ergibt einen Sinn. Und vielleicht ist es für den Anfang besser, jemanden nach seiner Geschichte zu fragen, der beide Kulturen versteht.

Peking: Philipp und Dawn – Zwei Herzen schlagen in einer Brust …

Was mit ihr los war, verstand Dawn, als sie im Biounterricht einen Film über fickende Frösche sah. Es ging um die Mechanismen, die die Natur bereithält, um unterschiedliche Spezies, die sich ähnlich sehen, davon abzuhalten, miteinander zu kopulieren. Ein männlicher Frosch versuchte ein Weibchen zu beeindrucken. Er plusterte sich auf, zerriss sich vor lauter Quaken fast die Lunge, aber sie starrte ihn nur an und hüpfte irgendwann davon, um sich mit einem Männchen zu paaren, das mit den Beinchen strampelte und in einer anderen Frequenz quakte. Sexuelle Isolation, kommentierte der Sprecher, bedeutet, dass Mitglieder unterschiedlicher Spezies nicht als Geschlechtspartner angesehen werden, aufgrund von unterschiedlichen Balztänzen, Lockrufen und anderen Paarungshinweisen.

Sexuelle Isolation hieß das also. Und Dawn war mittendrin.

Sie wuchs mit »Friends« und »Beverly Hills 90210« auf, mit Donuts und der Vorstellung, dass jeder sein persönliches Glück laut einfordern soll. Aber da waren auch chinesische Märchen, Dim Sum und die Überzeugung, dass die Familie an allererster Stelle steht. Sie hatte amerikanische Freunde und sehr chinesische Eltern. Irgendwie schaffte Dawn es, das alles in ihrem Kopf zu vereinen. Bis die Pubertät kam.

Die Freunde aus der Highschool hatten es längst getan. Die aus den Chinesischkursen auch, heimlich. Nur sie nicht. Es war, als würden sich in ihrem Kopf zwei Paarungsprogramme vermischen, sodass keine der Spezies sie als artzugehörig ansah. Sollte sie sich aufplustern oder strampeln? Sollte sie den schüchternen Jungen aus der Matheklasse fragen, ob er mit ihr »Titanic« sehen will, oder scheu lächeln? Am Ende tat sie beides: Fragte den Kerl, und als er Ja sagte, sagte sie wieder ab, um seine Beharrlichkeit zu testen, wie es ihr die Mutter beigebracht hatte. Natürlich rief er nie wieder an.

Die Sache mit der Liebe war verwirrend. Amerikanische Liebe, das war: Zungenküsse, Lachen, kaputtes Geschirr. Chinesische Liebe war eher wie Teamsport. Als hätte man einen lebenslangen Mitbewohner, der dabei hilft, die Kinder großzuziehen. Und diese wurden wahrscheinlich in der Retorte gezeugt. Sex existierte in der Welt ihrer Eltern nicht.

»Von meiner Mutter hörte ich immer nur einen Satz: ›Mach nichts Schlechtes!‹, erzählt Dawn. »Das deckte alle Bereiche ab: Sex, Drogen, Rauchen, Strafzettel. Nicht einmal meine Periode wurde mir erklärt.« Yīn dào – der Tunnel der Dunkelheit – heißt die Vagina auf Chinesisch. Für deren Erleuchtung waren Eltern nicht zuständig.

Als es irgendwann doch Jungs in ihrem Leben gab, stellte Dawn sie ihren Eltern nicht vor und diese waren auch nicht besorgt über das Desinteresse ihrer Tochter am anderen Geschlecht: »Zuerst baut man sein Leben, dann seine Liebe«, sagte die Mutter. Wie alle chinesischen Eltern erwarteten sie, dass ihr Kind mindestens Astronaut oder Nobelpreisträger wird – ohne jemals aus seinem Kinderzimmer auszuziehen. Sie wollten, dass Dawn

jede einzelne der unbegrenzten Möglichkeiten nutzt – und später einen netten chinesischen Jungen heiratet.
Philipp lernte Dawn auf einem Campingplatz in Tennessee kennen. Es war der 08.08.2008 – ein wahrer Glückstag für Chinesen. (»Sie lieben die Zahl acht, weil sie sich wie ›Vermögen‹ anhört«, erklärt Dawn.) Philipp saß mit seinen Freunden am Lagerfeuer, als zwei Gestalten aus der Dunkelheit auftauchten. Die erste entpuppte sich am nächsten Morgen als ein 72-jähriger Lehrer. Die zweite war dessen Kollegin, ein zierliches Mädchen mit Haaren bis zum Hintern und einem Gesicht, das Philipps Herz einen Satz machen ließ. Aber er verbat sich sofort alle Tagträumereien: Beide, Dawn und er, waren zwölf Stunden hierhergefahren – aus unterschiedlichen Richtungen. Er wohnte in Baton Rouge, Louisiana; sie in Arden, Delaware. Zwischen ihren Städten lagen über 2000 Kilometer. Bei der Wanderung verquatschten sie sich trotzdem ständig und ließen sich abhängen.
Zum Abschied machte Dawn ein Foto und sendete es an die gesamte Truppe. Philipp schrieb zurück, die E-Mails wurden immer länger, sie wechselten in den Chat, dann ans Telefon, irgendwann sagte Dawn: »Ich liebe Roadtrips«, und Philipp sagte: »Dann lass uns einen machen.«
Sie beschlossen, von Louisiana über Texas nach Mexiko zu fahren. Kurz vor Weihnachten wartete Philipp am Flughafen von Baton Rouge auf Dawn. »Ich hielt mich an meinem Kaffeebecher fest und hoffte, dass ich sie in der Menge erkennen würde. Ich war nervös. Ich kannte sie doch eigentlich gar nicht. Meine Mutter sagte: ›Was ist, wenn sie dein Portemonnaie klaut?‹«
Die Aufregung war umsonst: Dawn war nicht zu übersehen und kam super mit der Mutter aus. Die Eltern hatten das Haus mit Weihnachtsschmuck dekoriert – für ein Fest, das Dawn nicht

mehr gefeiert hatte, seit sie ein Kind war. Am nächsten Morgen machten sie sich auf den Weg, mit zwei Rucksäcken, zwei Schlafsäcken und einem Zelt.

»Damit wir weniger Gepäck haben«, erzählt Dawn.

»Selbstverständlich«, sagt Philipp grinsend.

»Ach komm! In der ersten Nacht warst du der perfekte Gentleman, und in der zweiten und dritten Nacht auch.«

»Ich habe mich nicht getraut.«

Am vierten Tag – es war Heiligabend – gingen sie in eine Mitternachtsmesse in einer katholischen Kirche an der Grenze zu Mexiko. Die Lieder wurden auf Spanisch gesungen, aber sie konnten die Melodien mitsummen. »Dann hat Philipp den klassischen Gähnstreckarmumsieleger gemacht«, erzählt Dawn. Sie schmiegte sich an ihn und legte ihre Handfläche auf seine: sein Puls ein gemorster Code, dessen Botschaft sie genau verstand. Auf dem Weg zurück ließen sie sich nicht los. Und als Dawn aus der Dusche kam, ihr langes Haar in ein Handtuch gewickelt, war alle Schüchternheit verpufft.

Es war eine großartige Woche: Sie fanden fleischfressende Pflanzen; sie flüchteten vor dem Regen unter das Vordach eines Klos, aßen Snacks und schauten dem Schauer zu; sie mussten entscheiden, wie es mit ihnen weitergehen sollte. Beide hatten schon Fernbeziehungen gehabt, beide hatten es gehasst. Damit es funktionierte, brauchten sie einen Zukunftsplan.

Philipp war Programmierer, Dawn Lehrerin – beides recht flexible Jobs. Sie wälzten alle Optionen durch: Arden, Baton Rouge, Washington D.C., New York. Eines Tages fragte Philipp: »Hey, wie wär's mit Peking?« Dawn war baff. Philipp hatte 99 Prozent seines Lebens in Baton Rouge verbracht, er hatte eine Stammkneipe, sonntags war Barbecue-Tag, das Elternhaus war nie weiter als drei Kilometer von seiner Wohnung entfernt gewesen.

»Aber manchmal sind die radikalsten Entscheidungen die einfachsten«, sagt Dawn. Im Juli 2009 zogen die beiden nach Peking. Dawns Eltern freuten sich: »Dort kannst du endlich einen netten chinesischen Jungen finden«, sagten sie. »Mmh«, sagte Dawn, weil es das war, was eine chinesische Tochter zu sagen hatte.
Von Philipp erzählte sie ihnen erst mal nichts, dafür war die Beziehung zu jung. »Chinesen denken gleich in Ewigkeitskategorien«, sagt sie. »Noch Jahre nach meinem Abschlussball fragte meine Oma, ob ich den jungen Herrn, der mich dorthin begleitet hatte, heiraten werde. Wenn ich sagen würde, dass ich Philipp liebe, würden sie denken, dass ich auf jeden Fall den Rest meines Lebens mit ihm verbringe.«
Lieben, erklärt Dawn, hat im Englischen und im Deutschen eine Zeit wie alle Verben: liebt, wird lieben, hat geliebt. All diese Zeitformen bedeuten, dass die Liebe eine zeitbegrenzte Sache sein kann. Im Chinesischen heißt Lieben ai – es hat keine Vergangenheit oder Zukunft. Liebe auf Chinesisch bezeichnet eine Situation, einen Umstand. »Ich ziehe mit meinem Freund nach China um zu gucken, ob es klappt – das könnte ich meinen Eltern nicht verständlich machen.«
Außerdem war die Tatsache, dass Philipp weiß war, ein »kleines Problem«. Einmal, bei der Hochzeit einer Freundin, die eine »Langnase« heiratete, hatte Dawns Vater gesagt: »Der hat nicht mal einen chinesischen Namen! Tu mir so etwas bloß nie an!«
»In Amerika ist Liebe eine Angelegenheit zwischen zwei Menschen, in China ein Bund zwischen zwei Familien«, erklärt Dawn. »Meine Eltern gaben viel auf, um nach Amerika zu ziehen. Sie wollten, dass ich eine sorgenfreie Zukunft habe. Und die war ihrer Meinung nach nur mit einem Chinesen möglich.«
Zehn Monate nachdem sie mit Philipp zusammengezogen war, brachte sie ihn zu ihren Eltern mit und stellte ihn als einen sehr

guten Freund vor. Die Eltern waren nett zu ihm, aber Dawns Vater sprach in seiner Anwesenheit ständig chinesisch. Meistens über einen netten Jungen, den Dawn in Peking unbedingt kennenlernen sollte. »Mmh«, sagte Dawn wieder.

»Ich winkte mit den dicksten Zaunpfählen, aber sie zogen es vor, sie nicht zu sehen«, sagt Dawn. »Und ich musste so tun, als stünde ihr Wille über meinem. Eigene Wünsche werden flüsternd durch die Blume vorgetragen. Chinesische Kultur ist … indirekt.«

»Eine Lüge«, sagt Philipp.

Es war nicht einfach für ihn. In ein fremdes Land zu ziehen ist ein Drahtseilakt hoch über dem Grund, ohne das Sicherheitsnetz, das die Familie, Freunde und die eigene Sprache bieten. Dawn tat zwar alles, damit er sich hier wohlfühlte. Aber wenn ihre Eltern anriefen, musste er still sein.

Im Februar 2011, als sie bereits seit zweieinhalb Jahren zusammenwohnten, schickte Dawn Fotos vom chinesischen Neujahrsfest an ihre Eltern – darunter, halb absichtlich, einige von Philipp und ihr. Die Mutter sagte nur: »Du siehst sehr glücklich aus auf den Fotos.«

»Das war ihre Art zu sagen, dass sie mit meiner Wahl einverstanden ist«, erklärt Dawn.

Shanghai: Benson und Nan – »nackte Liebe« versus Wirtschaftsunion

Würde ich einen chinesischen Freund suchen, hier wäre ich an der richtigen Adresse.

»Wie wär's mit dem: geboren im Jahr des Hundes/171 cm/12 000 Yuan Gehalt, pflichtbewusst«, sagt Jo. »Oder doch lieber: Eigentumswohnung/76 m²/188 cm?«

»Ist 188 cm seine Größe oder die Deckenhöhe?«

»Lass uns die Mutter fragen.«

Jo wechselt ein paar Worte mit der älteren chinesischen Dame und dreht dann ihren Kopf zu mir: »Tatsächlich seine Größe. Aber er mag keine Ausländerinnen, sagt sie. Und ich bin ihr zu pummelig.«

Joanne (keine Eigentumswohnung/Schriftstellerin/156 cm/51 kg/ meine Gastgeberin) zeigt mir den Heiratsmarkt von Shanghai. Nicht metaphorisch, sondern ganz im Ernst. Im Volkspark haben Eltern die Vorzüge ihrer Kinder auf Pappschilder geschrieben und preisen die Ware in der Hoffnung an, dass jemand ihre Tochter aus der Single-Hölle holt oder ihnen ein Enkelkind schenkt. Die Kinder selbst sind meistens schon Mitte 20 und zu sehr damit beschäftigt, an ihren Karrieren zu tüfteln.

Die meisten Schilder klingen eher nach Wohnungsanzeigen als nach modernen Heiratsannoncen. Hier suchen sich keine einsamen Herzen, sondern Quadratmeter, Eigentumswohnungen, Gehaltsklassen, Horoskope. Und manche haben ganz genaue Vorstellungen, was sie im Gegenzug erwarten.
Ein alte Frau sucht nach einer Schwiegertochter »zwischen 163–165 Zentimeter, Gehalt über 10000 Yuan, nicht mehr als 50 Kilo, weiß, geboren im Jahr der Schlange, noch nie verheiratet«. »Wie lange suchen Sie denn schon?«, fragt Jo. »Fünf Jahre«, sagt sie. Die Hoffnung habe sie schon aufgegeben.
»Aber nicht die Ansprüche«, sagt Jo und schüttelt den Kopf.
Leider muss ich los, bevor ich den perfekten Traummann finde. Ich bin mit Benson und Nan verabredet. Wieder kein rein chinesisches Paar – Nan ist ursprünglich aus Peking, Benson ist Australier. Aber was soll's. Wer in China allzu wählerisch ist, bleibt allein, wie ich gerade gelernt habe.
Wir treffen uns in einem Café. Benson trägt eine Aviator-Brille, Nan perfektes Make-up. Seit über zwei Jahren sind sie schon verheiratet. Kennengelernt haben sie sich genau wie wir uns gerade – über Couchsurfing.
Eigentlich hatte Benson bereits einen Schlafplatz in Kuala Lumpur gehabt. Ein Bett, sogar ein Zimmer drumherum. Aber als er Nans Profil bei Couchsurfing sah, schrieb er sie trotzdem an. Er hatte gerade Urlaub von seinem Job in Nanjing, reiste in Asien herum. »Tut mir leid, ich habe gerade unfassbar viel zu tun«, antwortete sie. Er klickte sich noch mal durch ihre Profilbilder und beschloss, nicht lockerzulassen: »Bitte! Ich brauche nur zwei Quadratmeter Fußboden für meinen Schlafsack.«
Nan war von Peking nach Kuala Lumpur gezogen, um bei einem internationalen Marketingunternehmen zu arbeiten. Der Februar war der hektischste Monat in der Firma: die Zeit, in der

fast jede Mahlzeit ein Tastaturpicknick war, und Freizeit bedeutete: Schlaf plus duschen. Aber auf der Straße wollte sie diesen verlotterten Australier auch nicht lassen. Benson rollte seinen Schlafsack in Nans Wohnzimmer aus, verfluchte die harten Dielen und sah sie nur morgens aus dem Bett huschen und nachts wieder zurück.

Nan bewegte sich dabei ausschließlich im Rennmodus, die langen schwarzen Haare wehten hinter ihr her wie ein Superheldenumhang. Aber als sie sich einen Tag freinahm und zum ersten Mal etwas anderes anhatte als ein Schlafshirt, war Benson klar: Die Rückenschmerzen waren es wert.

Sie fuhren zu einem Tempel, der von Makaken umhüllt war wie von einem lebendigen Pelzmantel. »Ich fühlte mich wie in ›Planet der Affen‹, erzählt Benson. Er hatte Mühe, seine Angst zu verstecken – und Nan ihr Lächeln. Irgendwann schlug er vor, nach Hause zu gehen und einen Film anzuschauen: ›Stirb Langsam 4‹.

»Das war sehr romantisch von dir«, neckt Nan.

»Was denn? War ein Superfilm! Und außerdem eine Gelegenheit, dich auf die Couch zu locken.«

Am nächsten Morgen wachte Benson nicht auf dem Boden auf. Nans Haare waren auf dem Kissen neben ihm ausgebreitet, ihre Beine mit seinen verflochten. An diesem Tag ging sein Flug nach Singapur: Dort wartete ja diese Flugbegleiterin, die er auf seiner Asienreise kennengelernt hatte. Nan schmatzte im Schlaf mit den Lippen. Er drückte sie an sich. Er tauschte die Tickets um – und fühlte sich wie der letzte Idiot.

Seit anderthalb Jahren wohnte er in China, und bisher hatte keine seiner chinesischen Beziehungen gut geendet: »Entweder war es ›bis dass der Tod uns scheidet‹ oder ›bis ich jemand Besseres finde‹«, erzählt er. Die Mädchen dachten schon im ersten Monat darüber nach, welchen Schriftzug sie für die Hochzeitseinladung verwenden würden. Oder sie gingen nicht mehr an ihr Handy, sobald jemand Reicheres und Beständigeres um die Ecke kam.

Mit Nan passierte alles Schritt für Schritt. Sie telefonierten täglich. Dann kam sie ihn in Nanjing besuchen, für zwei Wochen erst, dann für länger, dann für immer. »Es war anders als mit chinesischen Männern«, erzählt sie. »In China gibt es keine Romantik. Es gibt Fürsorge«, sagt Nan. »Mich erinnern chinesische Beziehungen an Beziehungen von alten Menschen. Die Liebesgesten sind leise und klein. Ungefragt aus der Drogerie das richtige Shampoo für die Ehefrau mitbringen. An der Haltestelle mit einem Regenschirm auf den Mann warten, wenn es plötzlich angefangen hat zu regnen. Kleine Taten statt großer Worte.

Mit Benson gab es Abenteuer, Reisen, Kerzen und so viele Worte, wie noch in keiner Beziehung zuvor. Alles musste besprochen werden: Wo wollen wir später wohnen, was willst du zum Abendessen, warum schaust du so traurig? »In der chinesischen Kultur gibt es das nicht: Lass uns eine Flasche Wein aufmachen und darüber reden. Man spricht nicht. Man rät.«

Und wenn man unzufrieden ist, lässt man es den anderen schweigend spüren. Nans Eltern sagten nichts zu ihrer Beziehung. Aber Nan fühlte mit jeder Körperzelle, dass sie nicht begeistert davon waren, dass sie mit einem Ausländer zusammen war – zudem mit einem, der eine Wohnung mietete und nicht besaß. Die westliche Heirat nennt man in China auch »nackte Heirat«, weil kein Haus bereitgestellt wird, nur bloße Liebe. »Bevor sich hier zwei Menschen verlieben, müssen sie sicherstellen, dass alles passt: die richtige Wohnung, das richtige Alter, die richtige Familie.« Eine ernsthafte Beziehung ist vor allen Dingen eine Wirtschaftsunion: Familien vermehren ihre Besitztümer genau wie Konzerne durch Fusionen und Übernahmen.

Nicht, dass Nans Mutter Benson nicht mochte: Er war großzügig, er gab sich Mühe, Chinesisch zu lernen. Aber sie machte Nan klar, dass Benson nicht der letzte Mann auf diesem Planeten war und dass sie die Augen offen halten sollte. Das Sprichwort, das sie zu jedem passenden und unpassenden Anlass zitierte: »Gleich und gleich gesellt sich gern.«
Dann starb Nans Vater.
Nans Mutter war eine starke Frau, die auf alle Lebenssituationen gefasst war: Sie war an allen Orten zugleich, immer zur richtigen Zeit, sie nahm Lichtgeschwindigkeit auf, wenn es schnell gehen sollte und war geduldig wie ein Stein, wenn Geduld nötig war. Aber plötzlich war Nans Mutter nur eines: überfordert. Da Nan keinen Bruder hatte, war Benson von einem Tag auf den anderen der Mann im Haus. »Alle Verwandten redeten plötzlich von mir als Nans Verlobtem«, erzählt er. Die Mutter tätschelte ihm die Schulter und zitierte ein anderes Sprichwort: »Ein Kopf, der sich Neuem verschließt, ist wie ein geschlossenes Buch: einfach ein Stück Holz.«
»Und was stimmt nun?«, frage ich. »Passt gleich und gleich besser zusammen, oder soll man für Neues offen sein?«
»Man braucht eine Schnittmenge, die groß genug ist«, sagt Benson. »Und den Rest – den muss man akzeptieren. Ich habe mich damit abgefunden, dass Nan nie mit mir in Clubs ausgehen wird. Soziale Angelegenheiten, die sich nicht ums Essen drehen, verunsichern sie immer noch zutiefst.«
»Ich habe aufgehört, ihn mitten in der Nacht anzurufen, damit er nach Hause kommt«, sagt Nan. »In seiner Kultur ist es normal, dass man zusammen ist und trotzdem allein ausgeht.«
»Außerdem habe ich mich daran gewöhnt, dass man in China eine Familie heiratet«, sagt Benson.
»Und ich mich daran, wie unabhängig man in seiner Kultur ist. Als wir zu Besuch in Australien waren, hat jeder sich selbst

Frühstück gemacht. In China ist der, der alleine isst, ein bemitleidenswerter Mensch! Als Benson für ein paar Tage weg war, und ich mit seiner Mutter zu Hause blieb, sagte sie: ›Geh doch mal raus, lerne Menschen kennen!‹ Ich dachte, sie hasst mich. In China freuen sich die Eltern, wenn Kinder viel Zeit mit ihnen verbringen. Außerdem wollte sie, dass ich mich an der Hausarbeit und den Haushaltskosten beteilige – unvorstellbar in meinem Elternhaus, wo man zwar sparsam sein soll, aber auf keinen Fall gegenüber dem Gast.«

Inzwischen findet sie das besser so – sonst sitze man dekorativ herum und fühle sich in der Bringschuld. Mit den Eltern des anderen kommen inzwischen beide sehr gut klar, und auch mit den gegenseitigen Eigenheiten. Benson ist chinesisch-praktischer geworden – zum Hochzeitstag hat er Nan eine Sojamilchmaschine geschenkt.

»Aber egal wie lange wir zusammenleben werden«, sagt er. »Ich werde nie verstehen, was du zum Frühstück isst. Nudeln und Suppe, bäh. Ich brauche mein Brot und meinen Kaffee.«

Geheiratet haben sie im September 2010 in Australien – über zweieinhalb Jahre nachdem Benson zum ersten Mal in Nans Bett übernachtet hat. Ein Hochzeitslied hatten sie nicht. Aber wenn sie sich eins aussuchen dürften?

»Come on babe, ooh, ooh«, summt Benson ein Lied von Prince an. »Don't make me sleep on the couch, no, no, no.«

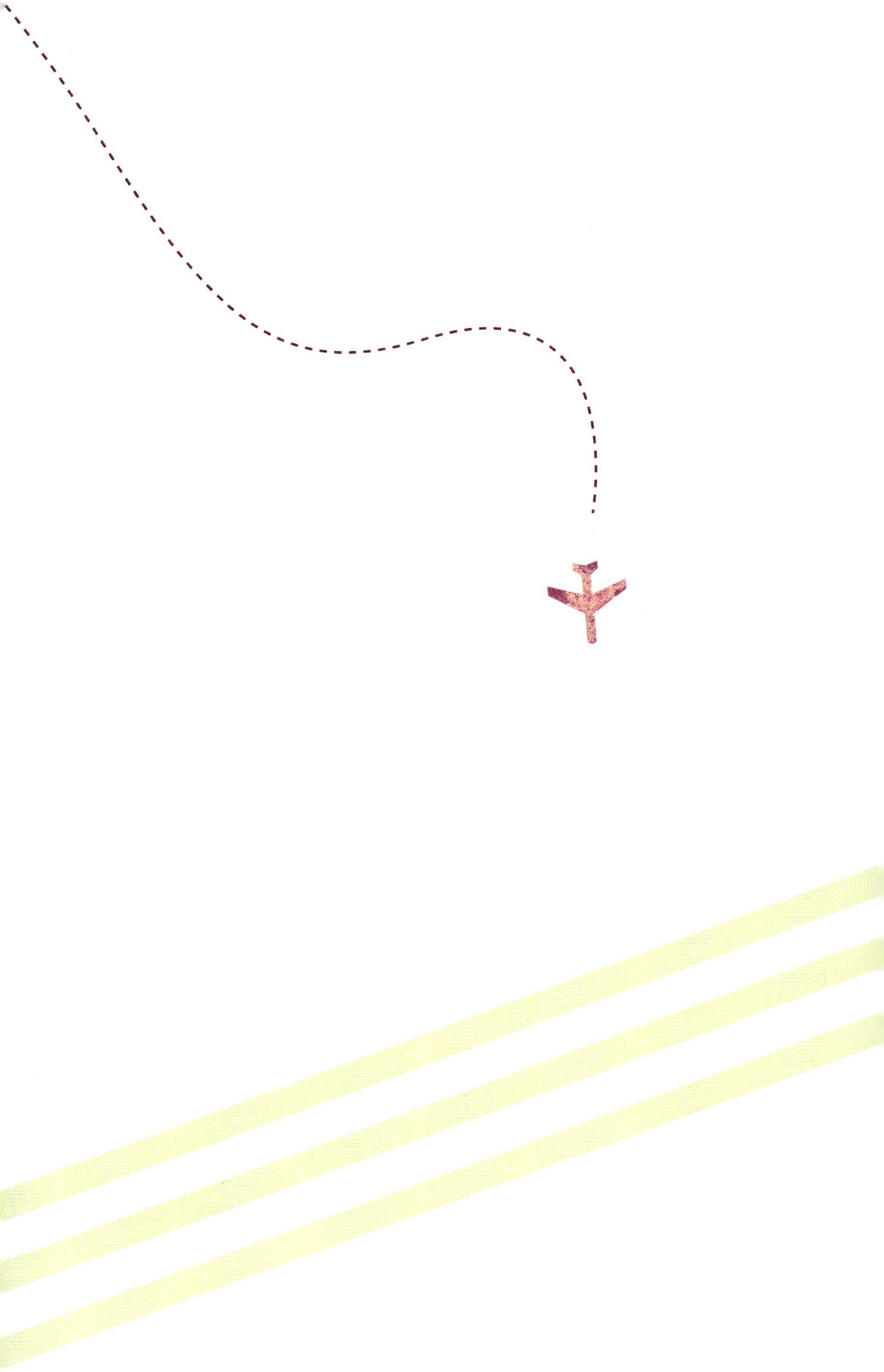

Dieses Paar hat sich beim Singen im Kirchenchor kennengelernt.

Renata und José.

Eine Favela in Rio de Janeiro.

Brasilien

Brasilien

FAKTEN

Einwohner: 198,7 Millionen (2012)

BIP pro Kopf: 11 340 USD (2012)

Scheidungsrate: 2,6 Scheidungen pro 1000 Einwohner (2011)

Geburtenrate: 1,81 Kinder pro Frau

Heiratsalter: Frauen: 29,7, Männer: 31,9 (2010)

Kosenamen

Meu bem/minha boa: mein Lieber/meine Liebe
Querido/Querida: Schatz
Amor: Liebe
Amorzinho: Liebling
Gato/gata: Kater/Kätzchen

Unübersetzbare Ausdrücke

Cafuné: Beschreibt die Geste, jemandem zärtlich durch die Haare zu fahren.

Saudade: Heimweh nach jemandem haben. Eine vage und konstante Sehnsucht nach jemandem oder etwas, der oder das vielleicht nicht einmal existiert. Das Wort stammt ursprünglich von portugiesischen Seefahrern die jahrelang auf hoher See waren und ihre Liebsten vermissten.

Liebesweisheiten

Liebe, Rauch und Husten sind schwer zu verstecken.
Liebe ist blind, also muss man seinen Weg ertasten.

Rio de Janeiro: Strand, Samba, Star Wars

Das ist sie also, die Welthauptstadt des Sex. Das Aushängeschild eines Landes, das einem Genitalhairstyle zu seinem Namen verhalf. Rio de Janeiro. Ein Ort, der auf den ersten Blick auch in echt aussieht wie ein photogeshopter Reiseprospekt. Die 30 Kilometer Strand, die Caipirinhas, das schlumpfblaue Meer, die Stringtanga-Bikinis, die eingeölten Hintern – alles da. Und dazwischen ich, am Arm meines weißen, mageren Freundes hängend, der zu meiner Reise dazugestoßen ist.

In China fühlte ich mich mit meinen knapp 160 Zentimetern wie ein durchschnittlicher Vertreter der menschlichen Spezies. In dieser Schenkelparade fühle ich mich klein und unappetitlich wie ein frisch gerupftes Hühnchen aus Massentierhaltung, das gerade in einer Rösterei voller goldbrauner Bio-Broiler angekommen ist. Die Sache ist die: Ich bräune nicht. Ich pinke. Ich gelbe. Ich sonnensprosse – aber nicht diese schönen Sommersprossen von rothaarigen Models, sondern die über der Oberlippe, die aussehen wie ein Damenbart.

»Brasilien ist eine Sammlung von Klischees, die alle stimmen«, schreibt der Journalist Matthias Matussek, der lange hier lebte. Die Medien wollen Rio der ganzen Welt als das Zentrum eines hedonistischen Paradieses verkaufen. Und die Cariocas – die Bewohner Rios – werben nach Kräften mit. Hier, im wohlhabenden Ipanema, ist das Meer nah und die Hunderten Favelas fern. Und selbst die Anzugträger sehen aus, als würden sie vor, nach oder anstelle der Arbeit an den Strand gehen. Gleich der erste Saftverkäufer erzählt mir, dass Rio eine Cidade Mulher ist – eine Stadt-Frau mit Hügeln, die an Frauenkurven erinnern. Grinsend malt er mit Händen einen Hintern in die Luft und deutet auf den Zuckerhut. Dann legt er sich zwei Orangenschalen an die Brust und zeigt auf die Hügel Morro dois Irmãos – das Dekolleté der Stadt.

Ich bin hierhergekommen, um herauszufinden, wie es in der Hauptstadt des Sexes um die Liebe bestellt ist. (Und abgesehen davon: um zu baden, Kokoswasser zu trinken und mir einen fürchterlichen Sonnenbrand zu holen.) Mein Freund hat lange in Rio gewohnt und spricht Portugiesisch. Er hat sich Urlaub genommen und ist hergeflogen, um mich durch das gesamte Rio-Programm zu ziehen: Strand, Samba, Stundenhotel.

Gestern stolperte ich nach 19 Stunden im Flugzeug in seine Arme. Er stand da, verstrubbelt und verschwitzt in der brasilianischen Hitze. Ich vergrub mich in seine Brust, atmete den besten Geruch der Welt ein – die richtige Menge Schweiß an der richtigen Person. Plötzlich fühle ich mich am anderen Ende der Welt zu Hause. Ohne den liebsten Menschen ist es wie ohne ein Bein: Es geht, aber es geht nicht gut.

Auch Rio empfängt mich mit offenen Armen. Aber ich bin vorsichtig, mich hineinfallen zu lassen. Nicht umsonst scherzen die Einheimischen: »Wussten sie, warum der Christus auf dem Corcovado ein Carioca ist? Er breitet immerzu die Arme aus, ohne jemals jemanden in die Arme zu schließen.« Und das stimmt. So easy, wie es scheint, ist Rio nicht: Schon bei Mission eins, dem Strand, versage ich kläglich.

In der Theorie ist der Strand demokratisch. Ob du schwarz oder weiß bist, arm oder reich, aus dem reichen Südteil der Stadt kommst, oder aus den Vororten – am Strand werden alle eins. Außer den Touristen natürlich. Die rötlichen Fremd-Körper fallen aus zwei Kilometern Entfernung auf. Auch der Versuch, sich mit Sonnenöl zu tarnen, scheitert. Anstatt in eine glänzende Badenixe verwandle ich mich in ein sandpaniertes Hühnerschnitzel.

Außerdem kann man hier niemanden mit dicker Strandlektüre beeindrucken. Cariocas kommen an den Strand, um zu quatschen und sich zu zeigen. Überall wird gebusselt, überschwänglich begrüßt und emotional verabschiedet. »A gente se vê!« – Man sieht sich! »Te ligo!« – Ich rufe dich an! »Vê se aparece!« – Komm jederzeit vorbei! Selbstverständlich tauscht niemand die Nummern aus, und jeder wird sich davor hüten, tatsächlich in der überfüllten Wohnung des Strandfreundes aufzukreuzen, wo drei Generationen auf 50 Quadratmetern hocken. In Rio wohnt man eng, und liegt am Strand eng beieinander. Einsame Sandlandschaften sind was für Europäer. Der Strand ist wie eine Party: Nur wenn er voll ist, ist er gut.

Ich liege flach wie ein Pfannkuchen auf meinem Handtuch. Frauen unterschiedlichster Kaliber und Hautfarben tragen ihren Hintern an mir vorbei: loiras – die blassen blonden, canelas – die zimtfarbenen, mulatas – die schwarz-weißen, negras – die Dunkelhäutigen. Der brasilianische Zensus unterscheidet zwischen drei Hautfarben: weiß, braun und schwarz. Der Volksmund aber kennt Hunderte Abstufungen, erklärt mein Freund, für all die unzähligen Mischungen aus afrikanischen, indianischen und europäischen Einflüssen.

Vielleicht ist es auch Silikon, das an mir vorbeischwebt. Giftspritzen, Fettinjektionen, Muskelstimulanzien, Waden- und Hinternimplantate – Brasilien ist der zweitgrößte Markt für plastische Chirurgie nach den USA. Und gleichzeitig schätzen die

Experten, dass Brasilien die USA in zehn Jahren als dickste Nation der Welt ablösen wird: Fast die Hälfte der Brasilianer ist übergewichtig, 16 Prozent sind fettleibig. Ein Glück, dass der Tanga genauso demokratisch ist wie der Strand: Größe, Gewicht, Körperform und Alter sind ihm egal.

Und auch in der Samba-Bar im Stadtteil Lapa später am Abend herrscht auf den ersten Blick Gleichheit: Wer dick ist tanzt einfach ausdauernder – irgendwann wird sich schon jemand finden, der ihn oder sie mit nach Hause nimmt. Beziehungsweise auf den Autorücksitz oder in ein Stundenhotel.

Auf der Tanzfläche hat sich das erste Paar angenähert. Er hat dünne Beine und einen kugelrunden Bauch wie ein Kastanienmännchen. Sie umschließt ihn mit ihrem weichen, mächtigen Körper wie eine Amöbe. Irgendwann tänzeln sie gemeinsam zum Ausgang.

Und was passiert dann? Mein Freund erklärt: Wenn sie gut im Bett ist, wird er ihr sagen, dass sie das schönste Wesen diesseits des Himmels ist und sie zum Abschied leidenschaftlich küssen. Stellt sie sich ohne rosarote Bierbrille als untauglich heraus, wird er ihr sagen, dass sie das schönste Wesen diesseits des Himmels ist und sie zum Abschied leidenschaftlich küssen. Und dann sagen: »Te ligo.« – Ich rufe Dich an.

Es ist zehn, die Rio-Nacht steckt noch in den Kinderschuhen. Hier in Lapa vermischen sich der Süd- und der Nordteil der Stadt. Die Drinks sind schwer, die Gespräche leicht. Obwohl man nur den Kopf heben muss, um das Elend auf den Favelahügeln zu sehen, ist es nirgendwo anders so schwer, sich eine politische Diskussion vorzustellen, wie hier. »An einem Ort, in dem man sich schon mittags die Hosen auszieht, um baden zu gehen, hat der Klassenkampf von vornherein verloren«, schreibt Matussek.

Dass Brasilien eine Klassengesellschaft ist, kann man in diesem Kuddelmuddel aus Körpern, Schweiß und Cachaça, dem heimischen Zuckerrohrschnaps, kaum glauben. Doch auch wenn die Schichten nebeneinander tanzen und trinken und manchmal untereinander knutschen, bleibt letztendlich jede für sich – und das gilt erst recht für die Ehe. Die Popkultur glorifiziert die Ausnahme von der Regel. Aber mit welcher Absicht die Jungs aus dem reichen Südteil den Mädchen aus der Vorstadt so gern Drinks ausgeben ist eigentlich klar.

Auf der nächsten Party in einem wiedereröffneten Hotel mit Pool sitzen die Pferdeschwänze tiefer und die Bunde der Jeans höher. Hier tanzt die Oberschicht: starke, satte Menschen, die vor nichts Angst zu haben scheinen – außer vor Cellulite. Keine Dicken mehr zu sehen. Das Hotel ist in einer Favela, aber die Nachbarn werden von den Türstehern und von umgerechnet 15 Euro Eintritt effektiv ferngehalten. Um Mitternacht ist die Party voll, um 00.05 Uhr fliegt das erste Mädchen in den Pool. Eine halbe Stunde später hat sich das Becken zu einer eigenständigen Tanzfläche entwickelt. Nasse Körper, deren Bekleidung eher an schmale Haargummis erinnert als an Bademode, koppeln sich aneinander. Mädchen reiben sich an den prall gefüllten Speedos, so, wie man es in Deutschland nur für ein Entgelt bekommt. Alle sind nass, oder nass geschwitzt, als hätten sie zu schmelzen begonnen.

Irgendwann schleichen mein Freund und ich uns durch den Zaun auf den Hügel, um zu knutschen. Über uns sind die Sterne, unter uns ist Rio. Die Lichter der Stadt gehen aus und an, wie sporadische Zuckungen eines riesigen Nervensystems. Überraschenderweise sind wir allein. Wo sind denn all die Paare, die sich auf der Tanzfläche halb aufgegessen haben?

Die Jungen und Mädchen aus der Favela, die irgendwo in der Nachbarschaft zu Baile Funk tanzen – brasilianischem Hip-Hop, zu dem man sich aneinander reibt, bis die Funken sprühen – würden uns vielleicht hier Gesellschaft leisten. Die Oberschichtenbrasilianer, vermutet mein Freund, können genau deshalb der Vorstellung von Freiluftsex wenig Romantisches abgewinnen: Man grenzt sich ab.

Als wir zurückkommen, verteilen sich die Paare auf die Autos. Es ist nicht ganz klar, ob es noch dieselben Konstellationen sind, die drei Stunden zuvor ankamen. Andere, die noch vor wenigen Minuten aneinanderklebten wie siamesische Zwillinge, steigen in getrennte Taxis. Für junge Brasilianer gibt es kein »zu mir« oder »zu dir«, sondern »zu meinem Opa, meiner Oma, meinem Vater und meiner Mutter« oder »zu deinem Opa, deiner Oma, deinem Vater und deiner Mutter«. Bis zur Hochzeit lebt man meistens bei seiner Familie. Die, die sich zusammen auf den Weg machen, gehen nicht gemeinsam nach Hause, sondern in ein Motel, wie es sie in Rio zuhauf gibt.

Jedes dritte Hotel in dieser Stadt ist ein Motel. Mit den deutschen Raststätten für Autoreisende (Motor + Hotel = Motel) haben sie wenig zu tun. In Brasilien sind Motels Sexspielplätze. Und sehen auch so aus: Das Zimmer, das mein Freund und ich gebucht haben, hat Deckenspiegel und einen Whirlpool mit vier unterschiedlichen Sprudel- und Leuchtfunktionen. Wahlweise strahlt er auch gelb, sodass man das Gefühl hat, in einer riesigen Pinkelpfütze zu sitzen.

Die Minibar ist voll mit Alkopops und Wein in Plastikflaschen, der Nachttisch mit Kondomen und Einwegpäckchen Gleitgel bedeckt. Auf Wunsch könnte man auch Essen bestellen, oder Sexspielzeuge. Einen Dildo zu mieten kostet fünf Euro. In der Mitte des Raumes steht ein rundes Bett – eine riesige Torte überzogen mit rotem Leder. Es vibriert, wenn man auf einen Knopf drückt, und blinkt in Blau-, Rot- und Schwarzlicht.

Das Zimmer in unserer kleinen Favela-Pension, das nichts hatte außer einem Bett und der Sicht auf den Zuckerhut, war um einiges anregender. Dieser Sexspielplatz ist mehr Spielplatz als Sex. Ich schalte das blaue Blinklicht an. Das Bett leuchtet und brummt wie ein Raumschiff. Mein Freund zieht sich eine Duschhaube übers Gesicht und röchelt wie Darth Vader.
Ich bemühe meine beste Yoda-Stimme:
»Begonnen der Angriff der Klonkrieger hat!«

Rio de Janeiro: Bianca und Louis – Liebe = Herz + Kopf + Bett

Es war Karnevalssonntag und Rio pochte wie ein riesiges Herz. Das Leben zirkulierte durch die Gassen wie Blut durch Arterien. Jede Minute wurde ein neuer Stoß von knapp bekleideten Schönheiten vor seine Füße gespült. Louis stand in der Partymenge in Leblon und schaute sich lose nach jemandem zum Knutschen um. Es war der dritte Tag des Karnevals, und er hatte erst zwei Mädchen geküsst.

Die Menge spuckte sieben Prinzessinnen in rosa Kostümen vor ihm aus. Die eine von ihnen, brünett und gebräunt, war das nicht ...? Das war doch ...! Er fasste ihr an die Schulter. Die Brünette drehte sich um und scannte ihn von Kopf bis Fuß, die Augen zwei Schlitze, der Mund ein Strich, der stumm fragte: »Was ist?«

Es war Karnevalssonntag, und Rio war heiß wie ein Grill. Karneval kommt vermutlich von den lateinischen Worten carne vale – »Fleisch, lebe wohl!«, weil nach den Festlichkeiten die Fastenzeit beginnt. Aber bis dahin war ganz Rio ein Fleischfest. Eingeölte Keulen, goldbraune Ärsche und Hunderttausende Männer, die nur ein Ziel hatten: comer uma mulher – eine Frau vernaschen.

Prinzipiell hätte Bianca nichts dagegen gehabt. Aber dass man ständig begrabscht wurde wie ein Türgriff! Fünf Tage ging der Karneval, aber die Männer verlangten präventiv schon einen Monat vorher eine Auszeit bei ihren Freundinnen, um über ihre Beziehung nachzudenken. Und dieses Muskelpaket mit dem nackten Oberkörper war garantiert genau so einer.

»Schwimmst du noch?«, fragte der Muskelprotz. *Woher …?*, dachte Bianca, aber da hatte die Menge sie schon fortgerissen. Erst wenige Sekunden später lieferte das Gedächtnis den Namen zum Gesicht. Louis aus dem Schwimmverein! Mit zehn war sie ein bisschen in ihn verknallt gewesen. Er war drei Jahre älter, der beste Sportler im Club. Doch bevor Bianca sich traute, ihm ihre Liebe zu gestehen, zog er mit seinem Vater weg. Jetzt tat es ihr leid, dass sie in der Karnevalsmenge so abweisend gewesen war. Louis könnte sich die Haare ausreißen. Wo war denn seine Reaktionsschnelligkeit geblieben? Er war Berufssportler, verdammt, ein Fünfkämpfer, und er konnte nicht einmal ein Mädchen festhalten. Und wieso bloß war ihm damals im Schwimmverein entgangen, wie heiß sie war? Gut, sie war damals ein kleines Fröschlein gewesen, und wie alle Mädchen generell hatte er sie doof gefunden.

Zu Hause suchte er Bianca bei orkut – dem brasilianischen Facebook –, wusste aber ihren Nachnamen nicht mehr und fand sie nicht. Um neun tröpfelte eine Nachricht in seinem Postfach ein. Bianca! Sie schrieb, dass sie ihn und seine Familie in guter Erinnerung habe, entschuldigte sich für die Unhöflichkeit und schickte ihm ihre Nummer. Louis atmete ein, atmete aus, testete ein paar Mal, ob seine Stimme funktionierte, und rief sie an. Morgen werde ich mit meinen Freunden in Ipanema sein, sagte er. Sie vielleicht auch, sagte Bianca, und sein Herz machte einen Satz.

Louis' Freunde wussten noch nichts von ihrem Glück. Eigentlich waren alle verkatert und wollten eine Pause einlegen. Er rief jeden einzelnen an, versuchte zu überzeugen, flehte, versprach, Bier auszugeben. »Ein bisschen viel Aufwand für eine Karnevalsknutscherei, oder?«, sagte einer der Kumpels.

Bianca hatte zwei Stunden vor dem Spiegel gestanden, aber dann brach das Chaos los. Die eine Freundin wollte nach Santa Teresa, die zweite auch, und die dritte war gestern mit einem Kerl in der Menge verschwunden und ging bis heute nicht an ihr Telefon. Es war wirklich ein bisschen viel Aufwand für eine Karnevalsknutscherei. Einen festen Freund wollte Bianca gerade nicht. Seit einem Jahr war sie erst Single, nach einer sechsjährigen Beziehung. Die Liebe, da war sie überzeugt, »gab es sowieso nur in Telenovelas«. Und küssen – wer fährt dafür schon ganz allein nach Ipanema? Als ein weibliches Wesen mit einem Puls und einem vollständigen Satz von Zähnen musste man fürs Knutschen nur eins tun: anwesend sein.

Am Dienstag schafften sie es endlich. Eine bloco – eine Straßenparty – im Botanischen Garten. Sie hatten sich so viel zu sagen, kamen aber kaum zum Sprechen vor lauter Trubel, Tänzern, Trommlern. Freunde, die weiterwollten, zupften an ihnen. Louis' Schwester klingelte sein Handy heiß, weil er nicht zum Familienessen kam. Er ging nicht ran. Seine Lippen hatten Besseres zu tun. Es wäre nicht einmal unhöflich gewesen, sich am nächsten Tag nicht mehr zu melden. »Knutschen bedeutet nichts«, erklärt Bianca. »Selbst Sex bedeutet nichts.« Für Louis und Bianca war es aber der Anfang. »Er war mir gleich vertraut«, sagt sie. »Ein Freund von damals, ein Stück Kindheit.« Sie interessierten sich beide für Sport, beide liebten den Strand und verstanden sich gut mit den Freunden des jeweils anderen. Mal schauten sie zusammen Fußball, mal feuerte sie ihn bei seinen Wettbewerben an.

Es dauerte trotzdem anderthalb Monate, bis Louis sie offiziell fragte, ob sie seine namorada sein wolle – seine feste Freundin. Er fuhr zu einem Wettbewerb nach Budapest und wollte ihr eine Bestätigung geben, dass er ihr auch in den drei Wochen treu bleiben würde. Es war keine große, glamouröse Erklärung – aber eine notwendige. Ohne ein Liebesgeständnis hätte man gar keine Rechte, man hätte eine ficar – eine Liebe light ohne Anspruch auf Treue.
So richtig verstanden, dass sie zusammen sind, hat Bianca aber erst zwei Wochen später. Am Muttertag stand um sieben Uhr morgens der Postbote mit einem Blumenstrauß vor der Tür der Wohnung, die sie gemeinsam mit ihrer Oma bewohnte. Am Sonntagmorgen! Welcher ihrer Onkel und Tanten hatte bloß die Auslieferung des Muttertagssträußes für ihre Oma so früh angefordert, ärgerte sich Bianca und wankte zurück ins Bett. Beim Frühstück sagte die Oma: »Da sind Blumen für dich gekommen.« Und Tatsache: Den Strauß hatte Louis von Budapest aus für sie bestellt. Es waren genau zwei Monate vergangen, seit sie sich beim Karneval gesehen hatten.
»Bianca war meine erste richtige ›romance‹, mein erster richtiger Roman«, scherzt Louis. »Alles davor waren eher Kurzgeschichten.« Er hatte sich schon immer gefragt, wie sie sich eigentlich anfühlt, diese Liebe, von der alle sprachen.
»Und?«
»Ich fürchte, ich habe keine poetische Antwort darauf, außer: gut«, sagt er. »Jeden Tag wacht man auf und weiß: Es wird ein guter sein. Einfach weil es diesen einen Menschen gibt.«
Sie schreiben sich bestimmt zwanzig SMS am Tag; sehen können sie sich meist nur am Wochenende. Da beide bei ihren Großeltern wohnen, treffen sie sich eher draußen, oft schon Samstag früh. Dann gehen sie an den Strand, ins Kino oder zusammen aus. Am Ende des Jahres wollen sie zusammenziehen.

»Was ist für euch Liebe?«, frage ich.
»Wenn sich zwei Herzen verstehen«, sagt Bianca. »Und zwei Köpfe.«
»Und was ist mit den Lenden?«
»Ja, die sind natürlich auch wichtig«, sagt Bianca. »Sagen wir es so: Liebe ist 30 Prozent Herz, 30 Prozent Kopf, 30 Prozent Bett.«
»50 Prozent Herz, 40 Kopf, 10 Bett«, korrigiert Louis.
»Ach, du lügst!«, sagt sie.
»Aber so ist es doch! Wenn die Gefühle nicht da sind, ist alles andere zwecklos!«
»So ist sie, die Liebe in Brasilien«, sagt Bianca und lacht. »Der Brasilianer liebt für immer und ewig. Und am nächsten Tag liebt er eine andere. Für immer und ewig.«
»Und stimmt das eigentlich, dass die jungen Brasilianer so unglaublich viel Sex haben?«, frage ich.
»Wie viel ist viel?«, will Louis wissen.
»Die Deutschen schlafen zwei oder drei Mal die Woche miteinander. Wenn man den Studien glaubt.«
»Ha! Darüber würden wir uns freuen!«, sagt Louis. »Zwei oder drei Mal die Woche? So viel Geld fürs Motel hat keiner!«

São Luís: Renata und José – zehn Finger sind mehr als zehn Karat

Der Schweiß an meinem Kleid bildet ein Rorschach-Muster. Oder besser gesagt: Die trockenen Stellen an meinem durchgeschwitzten Kleid bilden ein Rorschach-Muster. Es ist heiß. So heiß, dass ich mir Sorgen mache, ob das Eiweiß in meinem Gehirn gerinnen kann wie ein Frühstücksei. Der Bus vom Flughafen tuckert entlang wackeliger Holzhütten; klebrig aussehende Kinder verkaufen klebrig aussehende Süßigkeiten; und jedes Mal, wenn man glaubt, dass gleich, gleich, gleich die Hochhäuser der Innenstadt erscheinen, gibt es mehr Hütten. Sie alle lösen sich langsam auf wie Sandburgen, auf die es draufgeregnet hat.
São Luís liegt etwa 3000 Kilometer nördlich von Rio de Janeiro. Gut eine Million Einwohner lebt hier. Es ist die Hauptstadt des Bundesstaates Maranhão – einem Stück Land so groß wie Deutschland, das aus Steppe und Dünen besteht und aus Mangrovenwäldern, die im Salzwasser entlang der Küste wachsen.
Überall blättert Farbe von den Häusern ab, als wollten sie aus der eigenen Haut fliehen. Bei diesen Temperaturen kann ich sie gut verstehen. Auch die Steinvillen der Altstadt verwittern majestätisch, fast als wäre Zerfall hier ein Stilprinzip. Freundliche alte Menschen zeigen fröhlich die Edelmetallsammlungen in ihren

Mündern. Kinder in Unterhosen rennen herum wie aufgescheuchte Insekten. Fast sehen sie aus, als wäre das alles vom Kultusministerium inszeniert, damit Touristen authentische Fotomotive haben.
São Luís, das ist aber auch Glas, Stahl und Beton. Um zur Wohnung von Renata und José zu kommen, fahren wir an Shoppingcentern und Bürogebäuden vorbei, durch ein bewachtes Tor und dann durch ein weiteres. Dann sieht es plötzlich aus wie in Hannover, plus Palmen, plus Betonzaun drumherum.
José und Renata sind stolz auf die eingezäunte Idylle. José ist Ingenieur, Renata IT-Expertin. Sie sind 29 und 28 – nicht viel älter als mein Freund und ich. Wie wir mögen sie Reisen, Tanzen und Bier, wie wir haben sie studiert, wie wir sind sie stets bereit für Schabernack. Der Unterschied: Sie haben eine elfjährige Tochter. Joyce, riesige Augen, braun wie eine Nuss, tobt gerade unter Aufsicht des Kindermädchens auf einem Spielplatz innerhalb der Gated Community. Es fällt mir schwer, mir vorzustellen: Zwei Wesen, die kaum älter sind als ich, haben ein Wesen zur Welt gebracht, das schon Witze macht, über die man selbst lachen kann. Das seine eigenen modischen Vorstellungen hat, und ein Facebook-Profil. Mein Freund und ich haben es bisher nicht einmal geschafft, eine Zimmerpflanze großzuziehen.
Renata lächelt schüchtern aber herzlich – jedes Wort von ihr eine Umarmung. José zappelt, benutzt Arme, Beine, Kopf, Augenbrauen und Knie, um seine Geschichte zu erzählen.
Als er Renata zum ersten Mal sah, war er ein dürrer Teenager, dessen Arme aus dem T-Shirt hingen wie Fäden. Sie war eine Fünfzehnjährige im Körper einer Frau. Sogar einen Freund hatte Renata schon. Ein paar Mal sah José sie auf Partys, traute sich jedoch nie, sie anzusprechen.

Aber als Renata seine Schwester fragte, ob sie zum Fußballspielen mitkomme, trottete José den Mädchen hinterher. Und als er aufschnappte, dass mit dem Freund Schluss sei, startete er eine Offensive: Er komponierte *MPB*-Lieder für sie auf der Gitarre. Er flutete ihr Handy mit SMS, und als sein Guthaben aufgebraucht war, schickte er ihr Nachrichten aus dem Internet: »Heute wird der Tag sein, an dem du deiner Liebe eine Chance geben solltest.«

Renata hielt das zuerst für einen dieser Horoskop-Dienste aus dem Internet, aber als sie verstanden hatte, von wem die SMS war, musste sie so sehr lachen, dass sie Ja sagte. Sie trafen sich zum Abendessen in einem kleinen Restaurant am Strand von São Luís. José kratzte all seinen Mut zusammen und küsste sie. Zu seiner Überraschung drehte sie ihren Kopf nicht weg. Ihre Lippen lösten sich nicht voneinander, bis ein Autohupen sie aufschreckte. Josés Mutter holte ihn mit dem Auto ab. Er war 17 Jahre alt – zu jung für einen Führerschein.

Er wollte mit Renata zusammen sein, aber sie wollte nur Ficar, die leichte Liebe. Nach drei Wochen stimmte sie aber endlich zu. Acht Monate später kam ihre Tochter zur Welt.

Heiraten und Kinderkriegen standen bei Renata eigentlich nie auf dem Plan. Ihr Leben lang hatte sie sich die jungen Mütter aus der Favela mit Angst angeschaut, diese Babyfabriken, behangen mit Tüten und Sprösslingen. »Ich mag Kinder nicht einmal«, sagte Renata zu ihrer Mutter, nachdem sie von ihrer Schwangerschaft erfahren hatte. »Niemand mag Kinder«, antwortete diese. »Das heißt nicht, dass man sie nicht kriegt.« Renata weinte, die Mutter streichelte ihren Kopf und sagte immer wieder: »Alles wird gut.«

Alles wurde nicht gut, aber normal. Sie lebten von 400 Reais (umgerechnet etwas mehr als 100 Euro), die Renatas Vater zahlte, zusätzlich jobbte José für 200 Reais im Monat als Tippse in einem Büro. »Wir waren dumme Teenager. Wir haben eine Phase in unserem Leben ausgelassen«, sagt er. Die Flitterwochen verbrachten sie am Strand von São Luís. José hatte nicht einmal Geld für einen richtigen Verlobungsring. »Aber überall, wo du mit mir gingst, hieltest du meine Hand«, sagt Renata. »Zehn Finger können so viel mehr sein als zehn Karat.«

Sie dachte die ganze Zeit, dass sie noch nicht bereit war für die Hochzeit, für eine Familie. »Aber wann ist man schon bereit?« Alte Träume starben, neue wurden geboren. Als José den Master machte, blieb Renata mit Joyce zu Hause. Seit er eine Stelle als Ingenieur hat, können sie sich ein Kindermädchen leisten. Jetzt arbeitet Renata tagsüber, abends studiert sie. Manchmal bleibt sogar ein bisschen Geld übrig, um ein bisschen Jugend nachzuholen: Reisen, Hobbys, ein Zwergpudel. Im nächsten Jahr will Renata ein Auslandssemester in London machen.

»Und dann? Wollt ihr mehr Kinder?«, frage ich.

»Nein, eins ist genug«, sagen sie im Chor.

Mein Freund und ich übernachten auf dem Klappsofa im Wohnzimmer, zusammen mit dem Haushund. Am nächsten Morgen fahren wir zu den Lençóis Maranhenses, Brasiliens einziger Wüstenregion. Ja, Brasilien, der »grüne Riese«, hat tatsächlich eine. Lençóis heißt übersetzt Betttücher: Von oben soll die Sandlandschaft aussehen wie Laken, die im Wind flattern.

Die Klimaanlage im Bus spuckt, wie immer in Brasilien, eiskalte Luft aus, und wir pressen uns ineinander wie zwei Puzzlestücke. Ich frage mich, wie es sein muss, mit jemandem zusammen zu sein, den man kennt, seit man fast noch ein Kind war. Die Körper und Knochen von Renata und José veränderten sich noch, als sie anfingen, ein Bett zu teilen. Ihre Körper müssen zu Kurven und Biegungen verwachsen sein, die bequem füreinander waren.

Wir werden in Barreirinhas rausgeschmissen, einem kleinen Örtchen, wo man in einen Geländewagen nach Lençóis Maranhenses umsteigen kann. Der Jeepfahrer brettert betont waghalsig entlang der unbefestigten Straße zur Wüste, und wir kreischen brav mit.

Und dann liegt sie plötzlich vor uns, diese unmögliche Dünenlandschaft. Lençóis Maranhenses sieht tatsächlich aus wie weiße Laken, in deren Kuhlen sich Wasser angesammelt hat. Die kleinen Seen scheinen wie Inseln in einem Meer aus weißem Sand. Die Luft ist schwer und heiß, und wenn man eine der Dünen herunterrennt, kommt es einem vor, als würde man einem riesigen Föhn entgegenkommen.

Ich bin glücklich. Ich bin verknallt. In meinen Freund und in das Leben allgemein, verliebt in Brasilien, dieses ewige Land der Zukunft, das zu fett und zu hungrig zugleich ist; voller urkatholischer Sexbomben und Don Juans, die noch bei Mutti wohnen; das Land, das die größte Party der Welt feiert und eine Million Viagrapillen pro Monat schluckt.

Wie kann man die Liebe in einem Land verstehen, das aus so vielen gegensätzlichen Ländern besteht: dem Schwulenstrand in Rio; den kleinen Siedlungen im Süden, die blonder und konservativer sind als bayerische Dörfer; Dreizehnjährige in den Favelas, die mit Jungen schlafen, die noch keinen Bart haben und schon keine Zähne mehr. Ein Sexparadies ist Brasilien wohl kaum. Und was die Liebe angeht: Frei in ihren Herzvorlieben werden hier wohl nur die Reichsten und die Ärmsten sein. Die einen, weil sie alles haben, und die anderen, weil sie nichts haben – dafür aber auch nichts zu verlieren.

Heiratet ein Paar in Russland, befestigt es ein Schloss an einem Brückengitter.

Sawa und Linda.

Die Ermitage in St. Petersburg bei Nacht.

Russland

Russland

FAKTEN

Einwohner: 143,5 Millionen (2012)
BIP pro Kopf: 14 037 USD (2012)
Scheidungsrate: mit 54 Prozent eine der höchsten der Welt
Geburtenrate: 1,52 Kinder pro Frau
Heiratsalter: Frauen: 24,4, Männer: 27,0 (2010)

Kosenamen

Solnyschko: Sonne
Lastotschka: Schwalbe
Lapotschka: Pfötchen
Malysh: Baby

Unübersetzbare Ausdrücke

Toska: »Kein englisches Wort kann alle Schattierungen dieses Begriffs wiedergeben«, sagte einst Nabokov. »Auf seiner tiefsten und schmerzhaftesten Ebene ist es ein Gefühl großer spirituellen Qual, oft ohne besonderen Grund. Auf einer weniger morbiden Ebene ist es ein dumpfer Seelenschmerz, eine Sehnsucht, ohne sich nach etwas Bestimmtem zu sehnen, ein kränkliches Schmachten, eine vage Unruhe, mentale Agonie. In manchen Fällen kann es auch das Verlangen nach einer Person sein, Nostalgie, Liebeskummer. Auf der niedrigsten Ebene ist es Ennui, Langeweile.«

Liebesweisheiten

Mit dem Liebsten ist auch die Laubhütte ein Palast.
Dem Herzen kann man nicht befehlen. (Soll heißen: Liebe lässt sich nicht erzwingen.)

Moskau: Sawa und Linda – die Liebe in Bewegung

Bevor ich die U-Bahn-Luft nicht rieche, bin ich nicht in Russland angekommen. Erst wenn die Lunge sich mit dieser Mischung aus nassem Staub, Schawarma, Diesel, und geschmolzenem Eis füllt, bin ich richtig da. Ich wurde in Russland geboren, bin aber mit zwölf nach Deutschland gezogen. Viel ist seitdem verloren gegangen: Wortschatz. Straßenschläue. Diese russische Gabe, das Gesicht in öffentlichen Situationen auf steinhart zu stellen. Geblieben sind der russische Pass, die Nostalgie und diese unerklärliche Heißliebe für den russischen Nahverkehr.

Es ist Rushhour. Die U-Bahn schließt mich sofort in die Arme, halb umarmend, halb würgend. Mich wundert fast, dass es nicht noch mehr Menschen sind. Moskau soll das beste U-Bahn-System der Welt haben. Trotzdem verbringen Millionen Moskauer lieber die Hälfte ihres Lebens im Stau – als Stadt der Superlative hat Moskau auch superlativ verstopfte Straßen.

Aus den anderen Millionen macht die U-Bahn einen riesigen sozialen Smoothie: Verwuschelte Jungs mit Mädchenärschen stehen neben Schulmädchen mit stramm gebundenen Nylon-Haarschleifen, die ihre Gesichter zu einem Dauergrinsen verziehen. Ein Armani-Anzug lehnt sich an ein Ömchen im Kopftuch. Ein Bauarbeiter glotzt einer Botoxblondine in den Ausschnitt. Deren Schoßhund glotzt aus ihrer Handtasche zurück.

Auf dem Bahnsteig des Kursker Bahnhofs warten mein Cousin Sawa und seine Freundin Linda. Sawa ist 20 und studiert Informatik. Auf seinem Leistungsschwimmerkreuz thront der Kopf eines Fünftklässlers, gekrönt vom zarten Schimmer des ersten Bartes. Er tänzelt ständig im Viereck, hibbelt und boxt in die Luft, als sei ihm sein Zwei-Meter-Körper zu eng.
Linda macht gerade ein Praktikum bei einer Modezeitschrift und ist zwei Jahre jünger. Sie hat einen armdicken Kupferzopf, durchsichtige Haut und trägt kaum Make-up. Nur Sommersprossen sind auf ihrem Gesicht verstreut wie Zimt.
Es dämmert. Die Sonne kriecht hinter die Antennen der Hochhäuser, hinter glatzige Kirchenkuppeln. Wir gehen im Viertel um die Baumann-Universität spazieren. Sawa trägt mein Gepäck, seinen eigenen Rucksack und Lindas Täschchen.
Vor vier Jahren kamen sie zusammen. Damals wohnten sie noch in Schtschokino, »dem Loch aller Löcher«, sagt Sawa – knapp 60 000 Einwohner, eine Handvoll Hauptstraßen, drei Busstunden von Moskau entfernt. Die beiden wurden nach der Perestroika groß, als ganz Russland sich aus dem Kommunismus häutete. Die Erwachsenen waren damit beschäftigt, dem Raubtierkapitalismus ein Stückchen Leben aus den Klauen zu reißen. Die Kinder blieben sich selbst überlassen. Sawa verdaddelte Nachmittage im einzigen Internetcafé der Stadt, Linda paukte für die goldene Medaille – eine Auszeichnung für Schüler, die ausschließlich Höchstnoten im Abschlusszeugnis haben.
Zum ersten Mal sprachen sie miteinander während eines Schulausflugs. Sawa ging in die achte, Linda in die siebente Klasse. Worüber sie redeten, wissen sie nicht mehr. Nur dass alle Durak gespielt hatten, das russische Kartenspiel, und Linda verloren hatte und nur in ein Laken gehüllt durch die Flure rennen muss-

te. Nachdem sie zurück in Schtschokino waren, nuschelten sie sich auf der Schultreppe ein Hallo zu, aber auf dem Pausenhof stellte sich jeder zu seinem Grüppchen.

Im nächsten Jahr fuhren wieder zwei Klassenstufen zusammen auf Klassenfahrt nach St. Petersburg. Morgens waren alle müde, aber abends zu wach, um ins Bett zu gehen. Benebelt von Schlafmangel und dem ersten Bier seines Lebens küsste Sawas bester Freund eine Freundin Lindas. Auf der Fahrt zurück nach Schtschokino saßen sie zu viert nebeneinander. Es war über Nacht Winter geworden. Die Landschaft vor dem Zugfenster – ein weißes Blatt Druckerpapier. Zum ersten Mal schien Lindas Zopf wie etwas, das man nicht ziehen, sondern streicheln wollte. Sawa hätte ihn so gern angefasst, aber er war ein pummeliger Dreier-Schüler, Linda hingegen eine Schönheit mit Bestnoten – unmöglich, unmöglich! Danach gingen sie öfter auf Viererdates, natürlich nur um den Freunden auszuhelfen, die zu zweit kein Wort herausbekamen. Abends brachte Sawa Linda nach Hause, bezahlte ihr Eis und hielt ihr die Türen auf. »Uchachiwat« heißt das in Russland, wortwörtlich: jemanden pflegen. Das kann der Weg zum Herzen russischer Mädchen sein – oder einfach nur eine Höflichkeitsform im Umgang mit dem »schönen Geschlecht«. Vor der Haustür gaben sie sich die Hand. Sie zu umarmen – unmöglich, unmöglich!

Die Sommerferien kamen, drei Monate, deren Beginn man kaum abwarten kann und die bereits in der Mitte endlos zäh scheinen. Lindas Eltern beschlossen, die sanitären Anlagen in ihrer Wohnung auszutauschen und schickten sie in ein kleines Dörfchen zur Oma. Die Reparaturen dehnten sich auf zwei Monate aus. Vor Langeweile schlief Linda 16 Stunden am Tag, Sawa schoss Terroristen bei Counter-Strike, und manchmal die Hofhühner vor dem Küchenfenster mit einem Luftgewehr.

Draußen war Sommer, drinnen saß er. Und starrte unentwegt auf sein Handy.

Sie wachten vom Handypiepen auf und schliefen mit dem Telefon in der Hand ein. Dazwischen schickten sie sich ihr Leben im Liveticker per SMS, hämmerten ihren Bewusstseinsstrom in die Tasten. »Die Nachbarskatze hat fünf Junge.« »Woraus wird eigentlich Doktorwurst gemacht?« »Komisch, aber denkst du nicht auch, dass Diarrhea ein schöner Mädchenname wäre?«

Als Linda zurückkam, stand Sawa eines Tages vor ihrer Haustür. Er trug einen Blumenstrauß vor sich wie eine Waffe. Linda hob die Hände hoch. Und legte sie um ihn. Seit diesem Tag brachte er sie nach dem Unterricht nach Hause, obwohl sie in der entgegengesetzten Richtung wohnte, und trug ihre Tasche, selbst wenn es die mit den Strasssteinchen war.

Der Winter kam. Der Himmel hing tief und schwer über der Erde, wie ein Zelt, das man mit dem Kopf hochhalten muss, damit es nicht auf einen herunterkracht. Die Temperaturen sanken auf minus 15 Grad Celsius. Trotzdem gingen Sawa und Linda jeden Tag spazieren. Stundenlang liefen sie gemeinsam die immer gleichen fünf Straßen auf und ab, redeten oder schwiegen zusammen. Die Alternativen waren mager: Zu Hause waren die Eltern. Nennenswerte Cafés gab es in dem Städtchen zwei, Geld hatten sie null.

Eines Abends saßen sie am alten Klettergerüst vor Lindas Haus. Es war kalt draußen, sie hatten gerade Fangen gespielt, um sich aufzuwärmen, und schnappten nach Luft. Für zehn Minuten schien alles möglich, und sie küssten sich. Vor Schreck riefen sie einander zwei Tage nicht an.

Als das Telefon doch klingelte war klar: Sie waren ein Paar. Sawa fing mit Leistungsschwimmen an, der Wachstumsschub schmolz den restlichen Babyspeck. Nach dem Abschluss ging er zum Studium nach Moskau, teilte ein Wohnheimzimmer mit zwei anderen Jungs. Aber jedes Wochenende fuhr er zurück in das Loch aller Löcher, um stundenlang die fünf bekannten Straßen abzuspazieren.

Wenn sie sich stritten, ging die Welt unter. Auf dem Rückweg nach Moskau dachte Sawa finstere Gedanken: Er saß sechs Stunden im Bus und wurde wie ein Hund behandelt! Es wird ihr leidtun, aber dann wird es zu spät sein. Oh, wenn er nur vorübergehend sterben könnte!

Linda schmollte über ihren Hausaufgaben: Er war ihr egal, oh, wie egal er ihr war! Beim Abendessen legte sie Essen auf den Teller, aber es blieb unangetastet wie symbolische Opfergaben, die man auf Gräbern hinterlässt. »Nun ruf ihn schon an«, sagte die Mutter, und Linda schüttelte den Kopf. Nein, nie, niemals, nie würde sie ihn anrufen!

Am nächsten Wochenende schritten sie natürlich wieder die Straßen auf und ab, zwischen Hühnern und rostigen Garagen und den ewigen Ömchen auf den Sonnenbänken, vorbei am »Palast der Kultur«, der aus der kommunistischen Zeit übrig geblieben war, vorbei an der ehemaligen Tanzfläche im Park, wo ein paar Teenager mit Bauschutt eine Skaterrampe eingerichtet hatten.

Nach dem Abschluss zog Linda nach Moskau, wo es mehr Straßen zum Spazieren gab. Das mit der goldenen Medaille hatte nicht geklappt – das Herzklopfen und der Herzschmerz hatten zu sehr von den Büchern abgelenkt. Linda wollte sowieso in eine Branche einsteigen, die in Russland mehr Bestand hatte als jedes Studium: Sie machte eine Friseurausbildung, dann eine Kosmetikausbildung – »die ewige Industrie«, sagt sie. Jede Frau in Russland weiß: Schönheit ist eine Investition in die Zukunft. Die harte Währung, um noch ein Stück vom schnell schwindenden Ehemannkuchen abzukriegen. Bei Männern werden niedrigere Standards angelegt: »Ein Mann kann nur einen Fehler haben«, besagt ein russisches geflügeltes Wort, »einen leeren Geldbeutel.«

O.k., o.k., stopp! Jetzt droht diese Geschichte aufs Glatteis der Klischees zu schlittern, auf dem auch achtzehnjährige Russinnen auf Endlosbeinen zum Traualtar stöckeln – eingehakt bei einem Glatzkopf in feierlicher Jogginghose. Dem gängigen Stereotyp zufolge würden Russinnen ihre Kariere sofort gegen Kerl, Kind und vollen Kleiderschrank tauschen. Sie pusten ihren Männern die Staubkörner von den Anzugschultern, sind Haushälterin, Köchin und Sexgöttin in Personalunion – dafür ist der Mann »die steinerne Wand«, die sie vor dem Unheil dieser Welt schützt und das Shopping sponsert. Und für ausländische Männer sind Russinnen sowieso per Mausklick im Internet zu haben.

»Ich will keinen Versorger und Beschützer«, sagt Linda. »Ich will einen Partner: jemanden, der an meinem Leben teilnimmt, an meiner Freude und meinem Leid, der mich versteht und den ich verstehe.« Wollt ihr bald heiraten? Die beiden werden rot bis auf die inneren Organe. »Ach, irgendwann vielleicht.« Und wer wird bei euch mal kochen? »Der Pizzaservice«, sagen Sawa und Linda im Chor.

Die Wahrheit wird irgendwo zwischen den Klischees und Lindas Antwort liegen. Die Russinnen übernehmen tatsächlich einen größeren Teil der Hausarbeit als ihre deutschen Geschlechtsgenossinnen, geben mehr für ihr Äußeres aus und fordern ihre Rechte auf berufliche Selbstverwirklichung nicht ganz so laut ein. Wenn eine Frau in Russland verheiratet ist, ist sie »za muschem« – hinter dem Mann. Trotzdem arbeiten die meisten Frauen – Kind, Kerl, Kleiderschrank UND Kariere also.

Laut Daria Boll-Palievskaya, die das Buch »Russische Frauen: Innen- und Außenansichten« schrieb, werden mehr als 40 Pro-

zent der Managerposten in Russland von Frauen besetzt, während es in Deutschland weniger als 20 Prozent sind. Und ich wette, null Prozent der russischen Managerinnen trägt einen unförmigen Hosenanzug. Russinnen pochen nicht auf Gleichberechtigung, sondern wollen ihre Weiblichkeit bewahren. »Eine Russin kann zwar ›ein Ross zum Stehen bringen‹, würde aber nie selber eine Weinflasche aufmachen, wenn ein Mann in der Nähe ist«, schreibt Boll-Palievskaya. In ihrem Buch zitiert sie eine Studie, derzufolge Russinnen mindestens zehn Mal so häufig Blumen bekommen wie die westeuropäischen Frauen.
Als Linda Cola kaufen geht, löchere ich Sawa. Sehnst du dich manchmal danach, allein zu sein? Gehen, wohin man will, in eine Stadt ziehen, ohne jemanden fragen zu müssen? »Es ist nur dann toll, allein zu sein, wenn man genau weiß, dass man ein paar Stunden später nicht mehr allein sein wird«, sagt er. Und was ist mit Abwechslung? Auf die Pauke hauen, andere Lippen küssen? »Ich bin Informatiker«, sagt er, als sollte das alles erklären. »Und?«, frage ich. »Ich kann mich glücklich schätzen – die Hälfte meiner Kommilitonen hat höchstens die Lippen ihrer Tanten für ein Bussi berührt.«
Nächstes Jahr haben die beiden vor zusammenzuziehen. »Wir wollen nichts überstürzen«, sagt er. »Aber langsam haben wir ganz Moskau durchspaziert.« Werdet ihr für immer zusammenbleiben?
»Klar«, sagt Sawa.
»Wir werden unser Bestes dafür tun«, sagt Linda. »Wir brauchen einander.« Warum? Aber die beiden haben keine Lust mehr über die Liebe zu philosophieren und gehen lieber Eis kaufen. Sawa hat einen Arm um seine Freundin gelegt, sie laufen, schweigen und lächeln. Warum sollte man auch etwas zerreden, was einfach ist? Und vielleicht können sie es selbst nicht so

genau erklären. Diese animalische Gemütlichkeit, wenn man einen Menschen riecht, den man in- und auswendig kennt. Sie liefen so viele Stunden zusammen Arm im Arm. Ihr Körper muss für ihn der gemütlichste Ort in dieser riesigen Stadt sein. Sie brauchen einander, wie ich die U-Bahn-Luft brauche. Nur wenn sie einander atmen, sind sie angekommen.

St. Petersburg: Die Liebe und der Magen

Meine Oma ist dick, aber schnell. Sie hört kaum, dafür spricht sie umso mehr. Sie ist fast blind, aber niemand kann so genau zwischen den Zeilen lesen wie sie. Oma ist 76 Jahre alt. Sie geht kaum mehr aus dem Haus, aber wenn, dann nur mit Pumps und Lippenstift. Seit Opa vor elf Jahren gestorben ist, lebt sie allein. Mein Vater wohnt ein paar U-Bahn-Haltestellen entfernt. Haustiere braucht sie keine, sagt Oma. Sie habe einen Pelzmantel, der reiche.

Omas Liebe bedarf keiner Küsschen und keiner warmen Worte. Als ich versuche, ihren 100-Kilo-Körper mit den Armen zu umrunden, sagt sie: »Nun ist Schluss mit den Kalbszärtlichkeiten.« Auch meine Begrüßungsrede wird abgehackt: »Genug die Zungen gekratzt – komm an den Tisch.« Kaugeräusche sind Omas bevorzugte Liebeserklärung, der Bauch das wichtigste Liebesorgan. Und da ist kein Platz für Schmetterlinge, sondern für Borschtsch und Koteletts. Ihr Platz.

30 Sekunden nachdem ich durch Omas Haustür in St. Petersburg gegangen bin, sitze ich am Küchentisch, und es ist klar: Wer mit Oma über die Liebe reden will, muss sie erst kosten. Pfannkuchen mit Lachs, Fischsuppe Ucha, Braten mit Kartoffelbrei, Brot, so weich und warm, dass man etwas Lebendiges anzufassen glaubt, Kompott und Quark mit Schmand und Mar-

melade. »Iss, Wladitschka, iss«, sagt sie, während sie das alles auf den Tisch stellt. »Ein dürres Pferd ist auch keine Gazelle.«

Wenn man nach Omas Jugendkleidern urteilt, die sie mir vermachte, hatte sie früher die Figur einer Marylin Monroe. Inzwischen würden in ihr Kleid circa viereinhalb Marylin Monroes passen. Aber in Omas Vorstellung wurde nicht sie immer dicker, sondern ihre Umwelt immer dünner. »Die Liebe kommt und geht, doch essen will man immer«, kontert Oma alle meine Nachfragen und weigert sich, den Mund aufzumachen, solange noch ein Krümel auf dem Teller liegt.

Beim Tee erbarmt sie sich und holt ein Fotoalbum. Auf einem Foto aus dem Jahr 1956 hat Oma tatsächlich etwas von einer Hollywooddiva. Eine kommunistische Marylin Monroe mit weniger Schminke und kräftigen Armen, die streicheln können, aber auch Teig kneten und Kartoffelfelder pflügen. Mein Opa blickt ernst in die Kamera, ein Mann mit zusammengewachsenen Brauen und einer markanten Nase. Sie lernten sich beim Tanz kennen – in Nikel, einer Kleinstadt im äußersten Norden Russlands. Ein halbes Jahr später waren sie verheiratet. War er ein guter Tänzer? »Furchtbar, ganz furchtbar.« Fand sie ihn schön? »Er trug ein sauberes Hemd.« War er ein guter Mann? »Er war *mein* Mann«, sagt Oma.

Wenn ich frage, ob Opa sie liebte, erzählt sie mir von Rubin-Ohrringen, die er ihr schenkte. Auf die Frage nach ihren eigenen Gefühlen spricht sie von Torten, die sie ihm buk. Omas Geschichten drehen sich um Objekte, die wohl kaum Stoff für Jahrhundertromane bieten. Tapeten spielen in ihnen die Hauptrolle, Schals, Lachsfische, Pilzkonserven. Von Gefühlen spricht Oma nie. Kalbszärtlichkeiten eben.

Omas früheste Kindheitserinnerung handelt von einer Zuckerrübe, die Soldaten ihr schenkten. Vielleicht ist für so jemanden die Geschichte einer Torte tatsächlich eine Liebesgeschichte. Oma wurde kurz vor dem Zweiten Weltkrieg in einer Siedlung in der Kuban geboren – einer Gegend im Nordkaukasus, im Süden Russlands. Als Oma 13 war, wurde ihre Mutter krank. Sie pflegte sie und schmiss den Haushalt für ihren Vater und Bruder. Mit 17 zog sie aus, um Buchhaltungskurse in der nächstgrößeren Stadt zu belegen. Für ihre erste Anstellung musste Oma fast das gesamte Riesenland durchqueren. Nikel lag über 3500 Kilometer weiter im Norden. Im Winter hatte es dort oft minus 40 Grad Celsius, die Polarnacht dauerte über einen Monat. Dafür bekam man doppelt so viel Lohn. Oma heiratete Opa und gebar einen Sohn, meinen Vater. Als er sieben wurde, zogen sie in die erste Wohnung, die sie nicht mit anderen Familien teilen mussten. Oma arbeitete in der Buchhaltung des Nikel-Kombinats, Opa war dort der Beauftragte für Sicherheit. Nach der Arbeit gingen sie fischen, zerrten den Sohn zur Musikschule, räumten den Kofferraum ihres Ladas voll mit Steinpilzen, und schafften es, auf ihrer Datscha hinter dem Polarkreis Erdbeeren anzubauen.

Die heutige Liebe findet Oma zu flüchtig. Wenn ich mit meinem Freund bei GChat quatsche und E-Mails an ihn tippe, schaut sie mir stundenlang interessiert über die Schulter. Dann sagt sie: »Was für ein Unsinn«, geht in die Küche und grummelt: »Ich lebte im Dorf, dein Vater lebt in der Stadt, und du wirst im Internet leben.«

Gefühle, die über elektrische Signale vermittelt werden, kann sie nicht akzeptieren. Gefühle muss man anfassen können: gestärkte Hemden, warme Piroggen, selbstgemachte Marmelade. Omas Liebe steht in Küchenregalen, eingefroren, getrocknet, eingelegt, eingesperrt in Kräuterdosen, Schüsselchen und Tupperware. Omas Liebe ist reichhaltig – auch wenn sie nicht einfach zu verdauen ist: Salo – gehärtetes Tierfett; Igeltorte aus Butterkeksen, Butter und noch mehr Butter; klebrige Süßigkeiten, die ganze Familien zusammenhielten.

War sie glücklich mit Opa? »Wir haben unsere Arbeit gemacht, wir haben einen Sohn großgezogen und zwei Enkeltöchter«, sagt sie. »Ich kann mich nicht beschweren.« Aber was ist mit Sonnenuntergängen, schmalzigen Liebesbriefen und gewichtigen Gesprächen bis in die Morgenstunden? War Oma so grundzufrieden, dass sie nie über diese elementare Ebene der Zufriedenheit hinausdachte? Oder lege ich gerade die Maßstäbe der heutigen westlichen Gesellschaft an eine Liebe aus einem anderen Jahrzehnt und Land an?

Wenn man Omas Erzählungen glaubt, war die Ehe damals nicht kompliziert. Ehe, das war nicht Widerspiegelung des einen im anderen. Ehe, das war nicht Arbeit. Die Ehe war. Omas Liebe hatte etwas, dessen sich nur die Hälfte der heutigen Liebesbeziehungen in Deutschland rühmen können: ein lebenslanges Haltbarkeitsdatum. Wie schafften sie es, über 40 Jahre zusammen zu bleiben? »Ganz einfach«, sagt Oma. »Wir haben uns nicht getrennt.« Sie hat nicht nach einem besseren Leben gesucht, hat nie ein Fragezeichen hinter ihren Ehestatus gesetzt. Man war verheiratet. Punkt. Man versuchte, das Beste daraus zu machen, trotz Krisen und Routine und dick werdenden Bäuchen.

Und doch wird es mehr gewesen sein, als »sich nicht zu trennen«. Opa und Oma hielten immer Händchen, wenn sie auf die Straße gingen. Sie schliefen im selben Bett bis zu Opas letztem Tag. Ihre erste polare Erdbeere, die nicht erfror, hat Oma Opa gegeben, und er gab sie ihr zurück. Es stimmt: Omas Liebesgeschichte dreht sich nicht um durchgeschwitzte Laken und durchgeweinte Kissen. Aber vielleicht ist Liebe tatsächlich eher 15000 Frühstückseier und 100000 Tassen Tee.

Fünf Tage bleibe ich in Omas Wohnung, höre mir Geschichten an und blättere alte Alben durch. Die Einschulung meines Vaters. Schaschlick mit Verwandten auf der Datscha. Familienurlaub am Schwarzen Meer. Ich kann mir nicht vorstellen, dass diese Gesichter nur für das Objektiv so strahlten. Bilder von Oma und Opa allein gibt es kaum. Natürlich waren Paare früher weniger darauf getrimmt, ständig ihr Privatglück abzulichten und auszustellen. Und erst recht darüber zu reden! Aber vielleicht war hirnschmelzende Leidenschaft auch nicht notwendig für den Gründungsmythos eines Paares. Oder man hat schon vorher in unendlicher Weisheit akzeptiert, dass jedes Liebesfeuerwerk verglüht.

Am Tag, an dem ich zurückfliege scheint beim Frühstück die Sonne. Es ist sechs Uhr morgens, ein warmer Augusttag. Bevor ich nach Amerika ziehe, fliege ich zurück nach Berlin, zu meinem Freund, und mein Herz zieht sich alle paar Sekunden vor Vorfreude zusammen: »Ich bin so glücklich, dass ich ohne Flugzeug fliegen könnte!«, sage ich. »Ich könnte die Welt umkrempeln! Ich könnte die Sterne anfassen!«

»Aber iss erst deine Suppe auf«, sagt Oma.

PS: »Kommen Sie bitte mit«, sagt der Flughafenbeamte, nachdem die Röntgenröhre mein Handgepäck ausspuckt. »Was haben wir denn hier?« Ein Kilo Fischbuletten, fettig und warm, und auf internationalen Flügen verboten. Vor einer halben Sekunde wusste ich noch nichts von deren Existenz. Aber überrascht bin ich nicht. Jedes Mal, wenn ich zurück nach Deutschland fliege, versucht Oma mir Borschtsch in Zwei-Liter-Gläsern unterzujubeln, Familienschmuck, Tüten voller Rubelmünzen und Seifenstücke. Sie bietet mir auch Kartoffeln an, weil ich nach so einer Reise bestimmt nichts im Kühlschrank habe.

Dass ich ihre Gaben meist ablehne, stört sie nicht besonders. Sie schmuggelt sie einfach in mein Gepäck. Gestern weigerte ich mich, ihre Diamantohrringe mitzunehmen – kein Geld, um die Einfuhrumsatzsteuer am Zoll zu bezahlen, und auch keine Ahnung, welche Unterlagen man dafür braucht. »Ich kann dich nicht hören«, sagte Oma, während sie am knackigen Gebäck kaute. »Ich höre lieber zu, wie Kekse in meinem Kopf knuspern.« Hat sie die Ohrringe in das Essen eingebacken? Es ist sieben Uhr dreißig, ich stopfe jede einzelne Bulette in mich hinein und rede mir gut zu: »Sie liebt mich, sie liebt mich, sie liebt mich.«

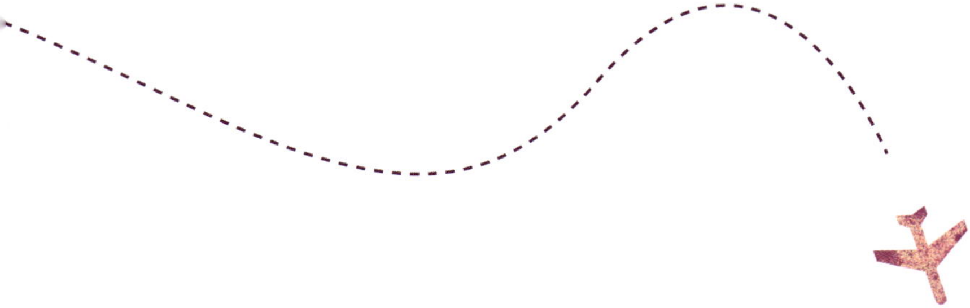

Ein Mammut zerfällt
im verlassenen Spreepark.

Ein gewaltiger Ort: das
sowjetische Ehrendenkmal
im Treptower Park.

Berlin gilt weltweit als Stadt
des Streetart und Grafitti.

Zwischenstopp Berlin

In einer Taubenzüchterei
in Spandau.

Das Herz ist, wo das Bett ist

Fast vier Monate habe ich aus dem Rucksack gelebt, Joghurts mit Kreditkarten ausgelöffelt, mich aus Platzspargründen mit dem Kopftuch aus dem Iran abgetrocknet, meine Socken im Waschbecken gewaschen und zum Trocknen an den Rucksack geknotet. Jetzt bin ich wieder in Berlin, nur für ein paar Wochen zwar, bevor mein Masterstudium in New York anfängt, aber trotzdem: Es ist schön, wieder blind zu wissen, wo sich die Lichtschalter befinden. Es gibt wieder eine Dusche, in der meine Haare den Abfluss verstopfen und nicht die von Fremden. Die Mitbewohnerin freut sich, mich wiederzusehen; die Zimmerpflanzen hätten lieber die Zwischenmieterin zurück. Es ist schön, wieder dort zu sein, wo mein Name auf dem Klingelschild steht.

Bloß, dass ich irgendwie nie da bin. Ich bin dort, wo der Name meines Freundes auf dem Klingelschild steht und wo sich unsere Haare im Abfluss verknoten. Eines Tages – die letzte Palme ist an Dehydrierung gestorben – stelle ich fest, dass ich mal wieder seit sechs Tagen nicht mehr zu Hause gewesen war. Und dass das Konzept »Zuhause« überhaupt sehr schwammig geworden ist. Mein Schminkzeug und meine Bücher immigrieren nach und nach in die Wohnung meines Freundes. Der Großteil meines Krempels ist zwar noch in meiner WG, aber ich kaufe schon lange nicht mehr ein, weil die Hälfte der Lebensmittel in meiner Abwesenheit schlecht wird. Wenn ich von meinem Freund komme, laufe ich verloren von einer Ecke in die andere, wie ein Hund, der nicht in den Urlaub mitgenommen wurde.

Ich solle nicht so rummemmen, sagt meine Freundin Lena: »Zu Hause ist da, wo dein Herz ist? Quatsch, zu Hause ist da, wo dein Bett ist!« Aber welches Bett ist nun meins: das, das ich bezahlt und zusammengeschraubt habe? Oder das, in dem ich öfter schlafe? Holen mein Freund und ich gerade all die Nächte nach, in denen wir in den letzten Monaten getrennt waren? Oder ist es tatsächlich passiert: der Endspurt des schrittweisen Zusammenziehens?

Wer schon mal eine Beziehung hatte, wird die einzelnen Stationen kennen: Station eins, in der man sich morgens die Haare mit seiner Gabel kämmt und sich mit seinem Rasierbalsam abschminkt. Das Übernachten passiert immer »ganz spontan«, als Nebenwirkung von Sex quasi, und es scheint anmaßend, seinen Kulturbeutel mitzubringen. Station zwei, die »Zara«-Tüten-Station, in der man seine Lotions und Unterhosen morgens und abends in einer Papiertüte hin- und herkutschiert. Das Übernachten ist zwar geplant, aber man ist sich noch nicht sicher, ob der Platz in seinem Herzen sich schon in einen Platz in seinem Zahnputzbecher übersetzt. Wer es bis Station drei geschafft hat, hat im Schrank des anderen ein eigenes Regalbrett mit sauberen Klamotten und den Lieblingsjoghurt im Kühlschrank.

Mein Freund und ich sind in Station viereinhalb, in der man mehr Nächte zusammen als getrennt verbringt und immer automatisch für den anderen mit einkauft. Aber trotzdem hat bislang keiner von uns das Zusammenziehen angesprochen. Das Gewicht der eigenen Schlüssel in der Hosentasche nahm jeglichen hypothetischen Riesenstreitanbahnungen die Schärfe. Die Mieten in Berlin waren noch vergleichsweise bezahlbar. Und Zusammenziehen, das hörte sich gleichzeitig groß und kleinlich an, nach gemeinsamem Leben, nach »nächstem Schritt«, aber auch nach Keifereien um leere Klopapierrollen und offene Zahnpastatuben.

Ich habe so etwas gesehen. In den letzten paar Jahren sind einige Freunde zu dekobesessenen Zwitterwesen verwachsen, die nur noch auf IKEA-Schwedisch miteinander redeten, dann schleichend zu genervten Mitbewohnern wurden und jetzt nicht mehr miteinander sprechen, wegen des Toasters, den sie beim Auseinanderziehen nicht aufteilen konnten.

Zusammenziehen schien wie etwas, was oft schiefging, aber trotzdem irgendwann Pflicht war. Der Autor Philipp Mattheis schreibt: »Es ist, als sei eine Beziehung ein fahrender Zug, der an bestimmten Bahnhöfen hält: Beide steigen verliebt ein und fahren los. Nach drei Monaten hält der Zug nochmals, der Schaffner fragt: ›Wollen Sie sitzen bleiben?‹ Beide nicken. Ein Jahr später taucht der Schaffner wieder auf und fragt: ›Wenn Sie weiterfahren wollen, dann müssen Sie sich bitte eine Schlafkabine teilen. Ist ein bisschen eng da und riecht schlecht, aber machen alle so. Wenn sie nicht möchten‹, sagt der Schaffner, ›dann setzten Sie sich in den Wagon am Ende des Zugs, auf dem ›Freaks‹ geschrieben steht. Wahrscheinlich müssen wir den dann aber irgendwann abhängen.‹«

Bisher fühlte ich mich recht wohl im Freak-Wagon. Ich hatte nicht wirklich Angst, auf der Strecke zu bleiben. Gelegentliche Ausflüge in die Schlafkabine fand ich zwar auch ganz gemütlich: Mein Freund und ich verbrachten die Wochenenden fast immer zusammen, wir haben schon Ferienwohnungen geteilt und Hunderte von klapprigen fremden Sofas. Und in meinem Fall wäre Zusammenziehen für die nächsten zwei Jahre eher symbo-

lischer Art: Wegen meines Studiums würden wir hauptsächlich in meinen Semesterferien zusammen wohnen.
Doch genau die Symbolhaftigkeit der Entscheidung jagte mir vor der Weltreise Gänsehaut über den Rücken. Dass unsere Unterhosen gemeinsam ihre Runden in der Waschmaschine drehen würden war schon o.k. Aber dass meine Adresse fortan unsere Adresse sein wird, dass er mich morgens fragen würde, wann ich nach Hause komme … puh! Ich stellte mir vor, dass zusammen mit uns der Alltag in die Wohnung einzieht: Wo früher die Bässe wummerten, dröhnt samstags nun höchstens die Waschmaschine, statt kleiner Liebeserklärungen gibt es per SMS nur noch Einkaufslisten. Am allermeisten machte ich mir um ein gemeinsames Klingelschild Gedanken, unsere beiden Nachnamen nebeneinander – die Generalprobe für das Standesamt?
Doch in den letzten paar Monaten fing meine Entschlossenheit, nicht zusammenzuziehen, an zu wackeln. Viele Paare, die ich auf der Reise traf, wohnten zusammen: Hossam und seine Ehefrau in Ägypten, Kian und Samira im Iran, Benson und Nan in China, Renata und José in Brasilien. Mir war schon klar, dass sie nicht deswegen zusammengezogen waren, weil sie es nicht abwarten konnten, gemeinsame Pfannen zu besitzen, sondern weil es oft die einzige Möglichkeit war, bei den Eltern auszuziehen.
Und trotzdem: Anstatt sich alle Möglichkeiten offenzuhalten, entschieden sie sich füreinander. Sie waren glücklich trotz Abwasch, Alltag und Socken. Sie waren bereit, den anderen in seiner Ganzheit zu akzeptieren, mit seinem Schnarchen und den Badezimmergeräuschen. Sie hatten keine Angst davor. Vielleicht hat meine Oma recht. Vielleicht ist es für eine erwachsene Liebe nötig, mehr Haushalt zu teilen als ein Festivalzelt. Nicht, dass ich die Beziehung meiner Großeltern nachleben will (oder kann), aber ein bisschen recht hat sie schon: Liebe ist mehr als

eine ephemere Liebeserklärung. Liebe, das ist tatsächlich auch Klopapier. Und wenn man ständig nur Sahnehauben frisst, davon wird einem auch schnell schlecht.
Bis zu meinem Flug in die USA bleiben zwei Wochen. Ich bin gerade dabei, 25 Jahre meines Lebens in Kartons zu verstauen, als mein Telefon klingelt: Oma. Die üblichen drei Fragen in der üblichen Reihenfolge: »Lebst Du?«, »Was hast du gestern gegessen?« und »Hat er endlich gefragt?« Die Antworten sind gut einstudiert: »Ja.«/Kalorienhaltige Halblüge./Und: »Nein, er hat mir noch keinen Antrag gemacht.« Oma kann nicht verstehen, dass jemand, der seit mehr als anderthalb Jahren einen Freund hat, sich noch keine Gedanken um seine Hochzeitsfrisur macht. Zu meinem letzten Geburtstag hat sie mir Porzellanfiguren für die Hochzeitstorte geschenkt. »Eieiei«, sagt sie jetzt. »Und wie macht ihr das, wenn du so weit weg bist? Ohne Garantien? Ohne einen Verlobungsring?« Schon will ich ihr antworten, dass ich kein Zugvogel bin, der beringt werden muss, bevor er in die fernen Länder zieht. Aber dann platzt es doch aus mir heraus: »Also gut, er hat gefragt«, sage ich. »Ob ich meine Kartons und meine Möbel bei ihm unterstellen will.«
»Oh, ihr zieht zusammen?!«, sagt Oma entzückt.
»So ähnlich«, sage ich.
Es war eigentlich geplant, dass ich meinen Krempel in seiner Wohnung ablade, weil Lagerfläche zu mieten teuer ist und umständlich und überhaupt. Aber als die Kartons da sind, ist der Keller nass, in der Wohnung stehen sie nur im Weg, also fange ich an, sie auszupacken. Für mein altes Bett ist sowieso kein Platz, also verkaufe ich es an meine Nachmieterin. Der Gang zum Bürgeramt, um mich umzumelden, fühlt sich weniger nach Standesamt an, sondern – nun ja, nach einer stinknormalen Formalität.

In der ersten Nacht kann ich trotzdem kaum schlafen. Dieses Bett, unser Bett. Dieser Mensch neben mir, der im Schlaf pfeift. Und wenn alles klappt – was ja der Plan ist –, dann hieße das: für immer!

Am nächsten Morgen wate ich durch halb ausgepackte Kisten und flüstere mir zu: Zuhause, Zuhause, Zuhause. Aber schon am dritten Tag habe ich mich daran gewöhnt. Überraschenderweise steht mein Mädchenkrempel der Wohnung meines Freundes gar nicht so schlecht, der vorher zwar sechs Sets von Lautsprechern besaß, aber keinen Mixer. Es ist schön, nicht panisch in meine WG radeln zu müssen, weil ich festgestellt habe, dass ich dort die Pille vergessen habe. Als eines Morgens der Hausmeister die Klingelschilder austauscht ist es zwar immer noch gruselig – aber gruselig schön.

Auf der Reise ist mir klar geworden, dass Freiheit nicht bedeutet, jede Sekunde ans andere Ende der Welt aufbrechen zu können, ohne jemandem Bescheid sagen zu müssen. Ich habe gelernt, dass der Alltag und die Verpflichtungen, die viele für Ketten halten, auch ein Ariadnefaden sind, an dem man sich festhält, während man sich durchs Leben hangelt. Wie viele meiner Freunde wechsle ich meine Städte so oft, dass ich den Begriff »Zuhause« nicht mehr an einem Ort festmache, sondern an einem bestimmten Menschen. Aber vielleicht hat auch Lena recht: Wo dein Bett steht ist wichtig. Vielleicht ist in unserer flüchtigen Welt, in der alles so übergangsweise und »mal schauen« ist, eine gemeinsame Adresse ein Anker. Mein Herz und mein Bett sind jedenfalls am rechten Platz.

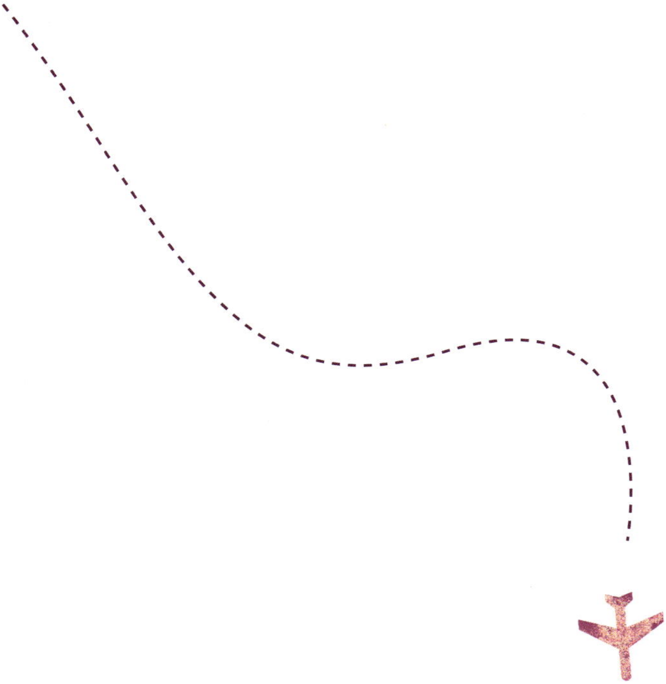

Die Skyline von Manhattan …

… wird nie langweilig
als Fotomotiv.

Vom Winde verweht:
die Karte von New York.

USA

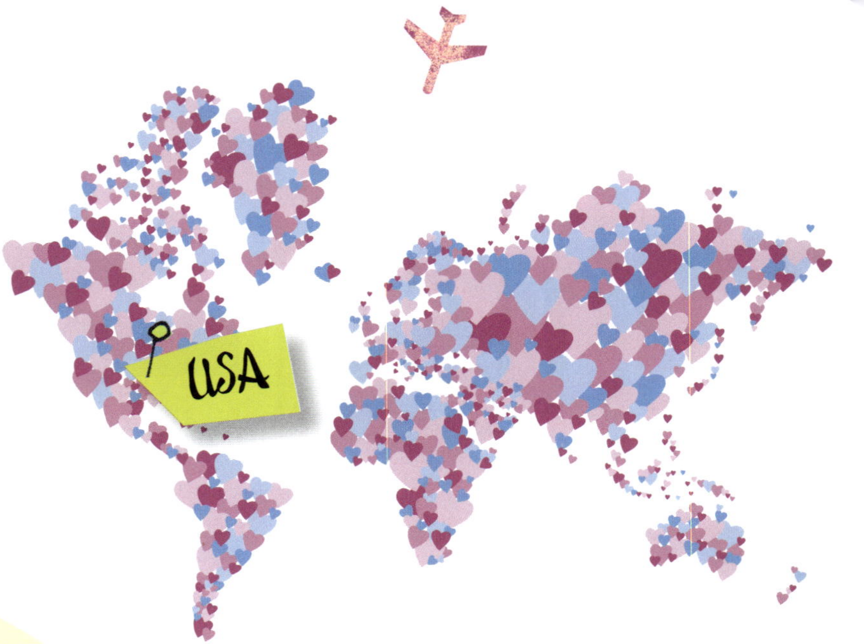
USA

FAKTEN

Einwohner: 313,9 Millionen (2012)
BIP pro Kopf: 49 965 USD (2012)
Scheidungsrate: 41 Prozent
Geburtenrate: 1,99 Kinder pro Frau
Heiratsalter: Frauen: 26,9, Männer: 28,8 (2009)

Kosenamen

Darling: Schatz, Liebling
Honey: Honig
Sweety pie: Schnuckiputz (wortwörtlich: süßer Kuchen)
Sugar: Zucker

Unübersetzbare Ausdrücke

Sexile: Eine Mischung aus den Worten Sex und Exil, aus seiner Wohnung verbannt werden, damit der Mitbewohner Sex haben kann.

Liebesweisheiten

»Love is real, real is love.« John Lennon
»Love is a friendship set to music.« Joseph Campbell
»Love? Being lame together while not caring about what other people think.« Urban Dictionary
»Love is like a friendship caught on fire. In the beginning a flame, very pretty, often hot and fierce, but still only light and flickering. As love grows older, our hearts mature and our love becomes as coals, deep-burning and unquenchable.« Bruce Lee

New York: Jay und Sarah – die Liebe, ein Algorithmus?

Es gibt auf der Welt eine ungeschriebene Regel: Je mehr Menschen in einer Stadt leben, desto einsamer fühlt man sich darin. Jede Woche ziehen Tausende Glückssucher nach New York, um die Welt von dort aus zu erobern. Die ganze Stadt ist eine Hetzjagd nach den Möglichkeiten, die sich zwischen Glas und Stahl verbergen. Ein erhitztes Reagenzglas, dessen Moleküle im Fast-forward-Modus herumschwirren, jedes für sich, wie es scheint.

Und trotzdem ziehen viele ausgerechnet nach New York, um hier die große Liebe zu finden. Die Rechnung ist einfach: Unter den über acht Millionen Menschen die dort wohnen, plus eine Portion der etwa 50 Millionen Touristen, die jährlich New York besuchen, wird schon der richtige Mensch dabei sein. Das Magazin Forbes kürte New York 2009 zur besten amerikanischen Stadt für Singles: Fast ein Drittel der erwachsenen New Yorker sind unverheiratet, die meisten verdienen gut, wie zum Beispiel Melissa, die ich vor kurzem kennenlernte.

Melissa ist 28, sieht ein bisschen aus wie Kirsten Dunst und arbeitet bei einem Kunstbuchverlag. Seit drei Jahren versucht sie, ihren Märchenprinz aus einem Meer von Happy-Hour-

Drinks zu fischen. In den vergangenen drei Jahren fing sie einen Konzernchef, der ihr mit Kreide Liebeserklärungen auf den Asphalt malte, einen Berufsclown und einen Kerl, der ihr ein Huhn aus dem Streichelzoo stahl. Allerdings klaute ihr einer auch die Handtasche. »Die Freundinnen aus meiner Heimatstadt haben Ehemänner, Hunde und schöne Weingläser», sagt Melissa. »Alles, was ich habe, sind Möglichkeiten.« Sie sieht die Datingszene in New York wie einen nie endenden Brunch: ein bisschen davon, ein bisschen hiervon, bis man pappsatt ist, ohne dass man etwas Richtiges gegessen hat.

Meine Mitbewohner bestellen ihren »Brunch« sogar online. In New York wohne ich mit drei Amerikanern zusammen – zwei Männer, eine Frau, alle Mitte 20, alle mit Spitzenabschlüssen. Zwei von ihnen sind nach Feierabend bis über beide Ohren in ihre Smartphones versunken. An ein paar Abenden in der Woche verschwinden sie umringt von einer Parfümwolke in die Nacht, und manchmal sitzt am nächsten Morgen am Frühstückstisch ein Mensch, den ich noch nie zuvor gesehen habe. Was die Lösung des Rätsels ist?

Onlinedating. Inzwischen gibt es im Internet Tausende Seiten, für jeden Geschmack ist etwas dabei, selbst für den abseitigsten: Cougar Date (für Cougars und Toyboys), Muddy Matches (für Bauern und Landeier), Dating for Muggles für Harry-Potter-Fans, Date a little für Kleinwüchsige und Beyond Psychic Dating – für Menschen mit übernatürlichen Fähigkeiten. Es gibt Datingportale für Rothaarige, Biker, Nudisten, Menschen, die gern Windeln tragen, Menschen, die sich beim Sex gern als Tiere verkleiden oder Schlamm aufeinander gießen. Man kann sogar gezielt nach Gefängnisinsassinnen suchen oder nach einem Partner, mit dem man sich auf den Weltuntergang vorbereiten kann.

Und manchmal wird man in den Tiefen des Internets tatsächlich fündig: Seit drei Monaten sitzt ein Mädchen namens Sarah oft in Jogginghosen auf unserer Couch. Sarah studiert Publikumspsychologie und Dramaturgie – ein feenhaftes Wesen von etwa 40 Kilogramm mit riesigen Augen. Sie ist die Freundin meines dritten Mitbewohners – Jay. Die beiden haben sich bei OkCupid kennengelernt, einer der beliebtesten Datingseiten in den Großstädten der USA, mit mehreren Millionen aktiven Usern.
»Für Frauen heißt Onlinedating oft: Spam wegklicken«, erzählt Sarah. Ein Jahr lang hat sie nach der Liebe gesucht, bevor sie Jay traf. Ein Jahr lang fing jeder Morgen mit 30–40 neuen Nachrichten in ihrem Postfach an, die alle sortiert werden mussten. Männer, denen der Algorithmus von OkCupid weniger als 90 Prozent Kompatibilität mit ihr bescheinigte, schaute sie erst gar nicht an. Bei den anderen überflog sie zunächst die ersten Zeilen und das Bild. »Man muss knallhart filtern, damit man nicht verrückt wird«, sagt sie. Aus der Fülle an Nachrichten klickte sie vielleicht ein Viertel der Profile an, las höchstens fünf der E-Mails ganz durch, beantwortete wiederum nur einen Bruchteil davon. Bevor sie Jay traf, ist sie zu etwa einem Dutzend Dates gegangen.
Bei Jay hat es ein halbes Jahr gedauert, bis er die Richtige fand. »Als Mann wird man zwar nicht mit Nachrichten geflutet«, sagt er. »Aber die Fülle der Möglichkeiten erdrückt trotzdem. Wenn man sich anstrengt, könnte man problemlos jeden Abend ein Date haben.« Jay sieht amerikanisch-gut aus: sportliche Figur, Holzfällerhemd, weiße Zähne, die er oft und gern zeigt. Er ist gerade dabei ein Start-up auf die Beine zu stellen, das Bio-Essen ausliefert. Er hatte insgesamt 25 Dates mit Onlinebekanntschaften: Bäckerinnen, Unternehmensberaterinnen, sogar ein Reality-TV-Star war dabei. Eine Handvoll von ihnen hat er auch mit

nach Hause gebracht. Aber es gab immer schönere, interessantere Menschen mit besseren Profilfotos. »Es war wie das Marmeladen-Experiment – in einem viel, viel größeren Maßstab«, sagt Jay.

Er spielt auf eines der berühmtesten Experimente der Psychologie an: Gibt man Menschen sechs Marmeladensorten zum Kosten, kauft ein Drittel ein Glas Marmelade. Von den Menschen, die 24 Sorten zur Auswahl hatten, rangen sich nur drei Prozent zum Kauf durch. Je mehr Möglichkeiten man zur Verfügung hat, desto schwerer fällt die Wahl.

»Ich glaube, Onlinedating ist eine verschärfte Version davon, was in der realen Welt passiert«, sagt Sarah. »Auch in einem Café schaut man, wen man süß findet und was er liest. OkCupid ist ein Café mit mehreren Millionen Gästen, die dir alle ihre Lebensläufe und Fotoalben unter die Nase halten.« Die Datenmenge war ermüdend, und trotzdem blieb sie dran: »Ich weiß, dass es das Gegenteil von romantisch ist, aber Onlinedating war vor allem effizient«, sagt sie. Man muss zu niemandem Nein sagen – sondern reagiert einfach nicht mehr auf die Nachrichten. Wenn man sich trifft, gibt es wenig Herumgetänzel: In den Profilen steht, wonach die Menschen suchen, sei es eine Beziehung, einen Bettgefährten oder einfach einen Kumpel.

»Vielleicht ist Liebe tatsächlich das: ein Algorithmus«, sagt Sarah. »Eine Mischung aus vielen Präferenzen, gemeinsamen Interessen und dem richtigen Zeitpunkt im Leben.« Und was ist mit dem Schicksal, dem Zauber des Moments? Lieben sind wie Imperien, schreibt Milan Kundera: »Wenn die Idee, auf der sie gegründet wurden, zerbröselt, verblassen auch sie.«

Sarah zuckt mit den Schultern.

»Daran denke ich nur, wenn ich gefragt werde, wie wir uns kennengelernt haben«, sagt sie. »Natürlich wäre es toll, wenn unsere Liebe einen Gründungsmythos hätte. Aber ich glaube auch daran, dass Technologie unser Leben besser macht. Es wäre Blödsinn, in so einem wichtigen Bereich darauf zu verzichten.« Dem Algorithmus zufolge passten Jay und Sarah zu 93 Prozent zueinander. Sie küssten sich gleich beim ersten Date. Am Wochenende, nachdem sie sich zum ersten Mal getroffen hatten, löschten sie ihre Profile. »Ich würde jedem empfehlen, Onlinedating zu versuchen«, sagt Jay. »Aber ich war auch sehr erleichtert, auf den Abmelden-Knopf zu drücken. Manchmal wenn ich mein Telefon anschaue, sind da lauter Vornamen, denen ich kein Gesicht mehr zuordnen kann. Es ist ziemlich gruselig.«

STATUE OF LIBERTY NEW YORK

New York: Yakov und Raisa – <3-Briefe aus der Vergangenheit

Das Papier sieht aus wie Haut. Das Leben hat es zerknittert, hat es altern lassen. Es riecht nach Seife, die längst nicht mehr produziert wird, nach alten Menschen und nach Dachboden. Oder vielleicht ist es andersherum: Dachböden riechen wie Papiere, die weder weggeschmissen noch gänzlich verstanden werden können.

Die Briefe in der Kiste vor mir sind über ein Jahrhundert alt, vier Mal älter als ich. Sie sehen so fehl am Platz aus auf meinem weißen IKEA-Schreibtisch, zwischen dem Laptop und dem dauervibrierenden Handy. Ich bin es nicht gewohnt, dass Information so physisch aussieht, so verwittert. Vergilbte Seiten, bröckeliges Siegelwachs, Fotos in Sepia, speckige Postkarten mit Sicht auf ein Städtchen namens Grodno. Ich hole ein Foto von einem jungen Mann im Sakko aus der Kiste. Er hat verträumte, große Augen und Flaum auf der Oberlippe. »Yakov*, 1905« steht auf Russisch auf dem Fotorücken.

»Die Kiste hat meinem Urgroßvater gehört«, erklärte mir Ben, ein Freund aus New York. »Ich weiß nur zwei Sachen über ihn:

---

* Die Namen in diesem Kapitel wurden auf Wunsch der Familie geändert.

Er kam aus Russland nach New York. Und er war kein glücklicher Mann.« In der Kiste seien die Briefe seiner großen Liebe. Und natürlich nicke ich wie eine Glückskatze aus dem Asia-Laden, als er mich fragt, ob ich sie aus dem Russischen übersetzen will. Wie oft bekommt man schon die Chance, in einem fremden Leben zu schnüffeln?
Russisch ist meine Muttersprache, aber es ist mühsam, die alte Schnörkelschrift zu entziffern und die veralteten Ausdrücke zu verstehen. Ganz oben in der Kiste liegt ein Einberufungsbescheid für Yakov Brodsky, geboren 1887, »Rasse«: jüdisch. Ist er aus Russland geflohen, um dem Militärdienst zu entkommen? Oder wegen der Nachwehen der russischen Revolution von 1905? Was war sein Beruf? Was hat er studiert? Wäre Yakov in meinem Alter, ich hätte ihn sofort gegoogelt und alle Antworten bei Facebook oder LinkedIn gefunden.
Unter den Dokumenten ist ein großer Umschlag voller kleinerer Umschläge. Die Handschrift auf ihnen allen ist die gleiche, die Empfängeradresse wechselt: Zuerst ist es Grodno in Russland, dann unterschiedliche Straßen in der Bronx. Insgesamt gibt es 16 Umschläge, der erste ist von 1906, der letzte von 1925, zwischen 1914 und 1925 gibt es keine Korrespondenz. Zwischen den Briefen liegt auch eine lose Seite ohne Umschlag, mit Bleistift und in einer anderen Handschrift beschrieben. Die Buchstaben sind wackelig, viele Worte sind durchgestrichen. Das Blatt sieht aus wie ein Schmierzettel. Es ist datiert auf den 25. April 1925.

Du wirst vermutlich sehr überrascht über diesen Brief sein. Zehn Jahre sind ohne ein Wort vergangen. Das Schicksal hat uns getrennt. Aber die Bilder der vergangenen Tage können nie aus meiner Erinnerung gelöscht werden. Die Jahre, die ich mir Dir verbrachte, erleuchten meinen Lebensweg wie Feuerfunken, geben mir Kraft weiterzuleben.

Was ist mit Dir geschehen? Diese Frage raubt mir immer noch den Schlaf. Hast Du einen Freund fürs Leben gefunden, der Deiner würdig ist? Bist Du glücklich? Hast Du Deine wahre Liebe getroffen, nachdem Du meine Hand abgelehnt hast? Oder hast Du Dich, wie Tausende Mädchen hier in Amerika, für die Bequemlichkeit entschieden, beautiful furniture, beautiful home?

Glaube nicht, es sei banale Neugier, die diese Zeilen diktiert. Lange, lange Zeit – jahrelang! – konnte ich meine Feder nicht zwingen, Dir zu schreiben. Vielleicht habe ich auch jetzt moralisch nicht das Recht dazu. Aber um unserer Jugend willen, der seligen Jahre, als wir so jung waren, so naiv – beantworte diesen Brief.

Yakov Brodsky

Wie ein hungriges Tier durchwühle ich die Kiste nach einem Umschlag, der eine Antwort auf diesen Brief beinhalten könnte. Es gibt einen Brief vom 13. Mai 1925. Der Absender ist Raisa Shapiro, Detroit, Michigan. Es ist der letzte Brief im Stapel.

Yakov, liebster Freund meiner Kindheit,

um ehrlich zu sein, ja, ich war sehr überrascht von Deinem Brief und sehr berührt von Deinem Interesse an meinem stillen Leben. In Amerika fragen nur wenige nach. Die Seele verhornt, und die Menschen vertrocknen von innen.

Wie Du an meiner Adresse erkennen kannst, lebe ich jetzt in Detroit. Ich habe Deinen Brief erst heute bekommen. Meine Tante leitete ihn mir weiter, und ich setzte mich sofort hin, um Dir zu antworten.

Du fragtest mich, ob ich einen würdigen Freund fürs Leben fand. Ja, ich fand ihn. Von 1918 bis 1921 arbeitete ich als Übersetzerin in einem Militärkrankenhaus auf Staten Island. Dort traf ich Kon-

stantin Shapiro. Es war zu der Zeit, als verwundete Soldaten aus Frankreich ankamen, und er war einer von ihnen. Wir heirateten am 13. April 1920.

Ob ich glücklich bin, fragst Du. Sehr. Mein Ehemann hat einen einzigartigen Charakter und eine wahre russische Seele. Verwundete Soldaten haben kein beautiful home und keine beautiful furniture. Wir leben sehr bescheiden. Ich arbeite in einer Bibliothek, und er studiert Ingenieurwissenschaften.

Was geschah mit Dir? Eines Sommerabends 1915 ging ich, erschöpft und einsam, bei Deinem Bruder vorbei. Er war sehr kalt und gab mir zu verstehen, dass Du Dein Leben mit einer anderen verbandest. An diesem Abend dachte ich viel nach. Oh, wie einsam war meine Seele! Ich schwor mir, niemals den Frieden Deiner Ehe zu stören. Und bis heute blieb ich meiner Entscheidung treu.

Wie könnte ich unsere glücklichen Tage vergessen? Freund Yakov, nie wird der Garten an der Muravejnoj-Straße aus meinem Gedächtnis verschwinden, der Stadtpark in Grodno und unsere Verabredungen dort. Heilige Zeit der Jugend! Wie unbeschwert wir doch waren.

Aber Du siehst, alles hat sich zum Guten gewendet. Es war uns nicht bestimmt, den Lebensweg zusammen zu beschreiten. Die, welche Du in Erinnerung hast, ist noch ein halbes Kind. Damals war ich rein, und das Leben schien voller Bedeutung, leuchtend und sonnig. Wer weiß, welches Bild Du von mir jetzt hättest. Wie viel glücklicher es doch ist, sich in kräftigen Leuchtfarben zu erinnern.

Ich wünsche Dir alles Gute, und richte auch Deiner Familie herzliche Grüße aus.

Deine Raisa Shapiro

Diese Briefe zu lesen fühlt sich verboten und aufregend an. So ähnlich, als hätte jemand auf meinem Computer E-Mails abge-

rufen und dann vergessen, sich auszuloggen. Nur dass E-Mails selten so poetisch sind. Die einzigen Lebenszeichen von meinen Exfreunden sind gelegentliche SMS um drei Uhr morgens, aller Wahrscheinlichkeit nach in Kloschlangen von Clubs verfasst.
Vor fünf Jahren bekam ich zum letzten Mal eine SMS von meinem ersten Freund. Sie lautete in etwa: »Rthgesa srfceaa sdg Triceratops« und die Chancen sind hoch, dass sie in Kollaboration mit seinem Gesäß und T9 verfasst wurde.
Es ist nicht so, dass ich mich nicht geschmeichelt fühlte. Ich weiß, dass es im Leben eines Mannes nicht viele Frauen gibt, die einer Mitternachtsnachricht über Triceratopse würdig sind. Aber gibt es eine Frau, für die sie einen Bleistiftentwurf verfassen, ihn in Schönschrift übertragen, eine Briefmarke und einen Umschlag suchen und Hosen anziehen würden, um den Brief tatsächlich einzuschmeißen? Ich glaube kaum.
Und selbst wenn es sie gäbe – welche Angebetete würde sich sofort hinsetzen und eine fünfseitige Antwort schreiben, anstatt den Exfreund auf Facebook zu bestalken, herauszufinden, dass er inzwischen Geheimratsecken hat und »mjam, mjam Sushi« zum Mittagessen hatte?
P. ist einer der wenigen Exfreunde, mit denen ich nicht bei Facebook befreundet bin. Wir haben uns 2006 getrennt, als »soziales Netzwerk« noch wie eine Vokabel aus einer Informatikvorlesung klang und manche Menschen das Internet tatsächlich noch Cyberspace nannten. Alle anderen Leitungen zwischen uns sind gekappt. Unter P.s alter Handynummer, die ich immer noch auswendig kenne, erreicht man nur noch eine sanfte Frauenstimme, die mitteilt, dass es dort »keinen Anschluss« mehr gibt. Und als ich einmal versuchte, ihm eine E-Mail zu schreiben, kam die Antwort nur wenige Sekunden später, von mailer-daemon@googlemail.com.

Ich hatte seit Jahren keine Ahnung, was P. tat, wo er lebte, wie viele Haare er noch hatte. Natürlich könnte ich einen Brief an die Adresse seiner Eltern schreiben. Aber so etwas macht man wohl höchstens in einer Welt, die ich mir nicht anders vorstellen kann als in Schwarz-Weiß. In der Welt von Yakov und Raisa.

Es gibt nur ein Foto von ihr in der Kiste. Ein Mädchen im hochgeschlossenen Kleid, mit nutellabraunen Augen und einem frischen, runden Gesicht. »Für Yakov von Raisa Rabinovich. Behalte mich in guter Erinnerung« steht auf dem Fotorücken.

Rabinovich muss Raisas Mädchenname sein – damit unterschreibt sie die früheren Briefe. Ich gebe ihren Namen in das Onlinearchiv von Ellis Island ein, und nach etwas Herumgeklicke finde ich sie. Eine Raisa Rabinovich traf am 1. Februar 1906 in New York ein, auf dem Schiff »Königin Luise«, das aus Bremerhaven kam. Dem Passagierverzeichnis zufolge war Raisa 17 Jahre alt und führte zehn Dollar mit sich. Sie war weder eine Polygamistin noch eine Anarchistin, bei guter psychischer und physischer Gesundheit und weder deformiert noch verkrüppelt. Die Spalte für »Nationalität« besagt: russisch, die für »Rasse«: jüdisch. Ihr letzter Wohnort war Grodno.

In ihrem ersten Brief an Yakov am 5. Februar 1906 schreibt Raisa:

> *Samstagmittag gingen wir an Bord, um zwei gab es Mittagessen im Hauptraum, und um vier lichteten wir den Anker. Wir spazierten bis sieben an Deck, aber am Abend mussten wir uns alle übergeben. Am nächsten Morgen fühlten wir uns schrecklich und haben es kaum nach draußen geschafft. Bis wir Anker warfen, waren wir seekrank und haben kaum etwas gegessen.*
>
> *Ich kann Dir noch nicht sagen, ob ich Amerika mag oder nicht.*

Meine Tante lebt nicht in New York, wie ich dachte, sondern in Newark. Aber selbst dieses Städtchen ist vier Mal größer als Grodno. Mein lieber Freund, wenn Du nur wüsstest, wie oft, wenn ich an Deck saß, ich mir Flügel wünschte, um zurückzufliegen! Ich fürchte, dass diese Sehnsucht mich nie verlassen wird. Heimweh wird für immer mein Reisegefährte sein.
Geliebter Yakov, bitte antworte mir, sobald Du meinen Brief bekommst. Deine Antwort wäre mir so ein Schatz. Ich hoffe, Du hast Mitgefühl mit dem Mädchen, das von ganzem Herzen auf Dich wartet.

Ich konnte mir ältere Menschen nie verliebt vorstellen, oder mit gebrochenem Herzen. Irgendwo in ihren milchigen Augen waren bestimmt Spuren von euphorischen Nächten und Katern. Aber es fiel mir schwer, in den beigen Rentnern die jungen Dinger zu erahnen, die knutschten, Liebeskummer hatten, über der Kloschüssel hingen und anderen Jugendunsinn machten.
Und dennoch kann ich gut nachvollziehen, wie Raisa sich fühlte. Vielleicht braucht es eine Lücke von zwei Generationen, damit man alte Menschen nicht nur als die Omas und Opas von jemandem wahrnimmt, sondern als komplexe, eigenständige Wesen. Vielleicht kann ich mich auch deshalb so gut in Raisa hineinversetzen, weil auch ich schon mal am Einwanderungsschalter in New York stand und mich wie der einsamste Mensch auf Erden fühlte. 2006, hundert Jahre nach Raisa, bestieg ich ein transatlantisches Flugzeug in Frankfurt und wünschte mir nichts so sehr wie eigene Flügel, um kehrtzumachen.
Ich war 19, als ich für einen Sommer in die USA zog. Ich führte 500 Dollar Taschengeld mit mir. Ich war keine Polygamistin, Gelegenheitsanarchistin nach drei Bier, bei guter psychischer und physischer Gesundheit und abgesehen von einem aufge-

schrammten Knie weder deformiert noch verkrüppelt. Die Spalte für »Nationalität« besagte: russisch, die für »Rasse« gab es nicht mehr. Mein letzter Wohnort war Ulm.
Natürlich dauerte mein Flug nur neun Stunden anstatt wochenlanger Seekrankheit. Es gab Roaming, E-Mail und Flugzeuge, die mich im Notfall einen halben Tag später in Deutschland abliefern würden. Und trotzdem: Ich erinnere mich genau an das Gefühl, als die Hochhäuser von New York wie Säbelzähne auf mich zukamen und alles, was ich wollte, war: nach Hause zu fliegen, meinen Kopf unter P.s T-Shirt zu vergraben und für immer dort zu bleiben.
Jetzt wünschte ich, ich hätte eine Kiste mit Andenken an unsere gemeinsame Zeit. Draußen schlägt die Kirchenuhr zehn Mal, Nostalgiestunde. Heute wäre genau einer dieser Abende, an denen man diese Ich-denk-an-Dich-SMS schreibt oder zumindest die alten Andenken durchwühlt. Aber die einzige Erinnerungskiste, die ich besitze, ist gleichzeitig mein Büro, meine Kommunikationszentrale und mein Unterhaltungszentrum. Mein Laptop.
Sobald ich auf das Touchpad tippe, begrüßt er mich mit staubsaugerähnlichen Geräuschen, zusammen mit Klungs von GChat, den Swoosches von Skype und den Blobbs von Facebook. Es ist mein zweiter Monat in New York. Viele meiner Freunde sind gerade in Deutschland oder Russland und doch nur ein paar Klicks entfernt. Wie es damals wohl sein musste, wochenlang auf eine Antwort zu warten?
In der Kiste gibt es nur fünf Bilder: gedruckt auf harten Karton, gelblich und verwaschen. Es gibt allein 124 Bilder auf meiner Festplatte, die das Pärchenleben von P. und mir dokumentieren. Da sind wir am Baggersee: er, groß und knackbraun; ich, die ihm kaum bis zur Schulter reicht. Das bin ich huckepack auf

seinem Rücken. Das sind unsere Grimassen. Das sind unsere Füße. Variationen von Glück, auf ewig in Pixelform konserviert.
Unsere Briefe werden nie vergilben. Sie liegen, begraben von Tausenden Spam-Mails in meinem alten E-Mail-Account. Mein Kopf kennt das Passwort nicht mehr, die Finger schon. Ich habe diesen Account seit drei Jahren nicht mehr aufgerufen.
Natürlich war meine erste Liebe anders als Raisas. Die einzige Verabredung, die P. und ich im Stadtpark hatten, endete damit, dass eine Rentnerin uns aus den Büschen jagte. Wir hatten Verhütungsmittel, SMS und fließendes Wasser. Die Hälfte unserer Beziehung fand auf Handy- und Computerbildschirmen statt. Aber unsere Worte sprechen dieselbe Sprache von Liebe und Vermissen. Unserer Sehnsucht war damals noch keine Hornhaut der Ironie gewachsen. Auf dem Bildschirm und in der Kiste sind Zeilen aus einer Zeit, als das Leben ein einziges Ausrufezeichen war – egal ob vor sieben oder 107 Jahren.
P. war fast vier Jahre älter und Grafikdesigner. Er hatte einen flächendeckenden Dreitagebart und ein Skateboard, er konnte formschöne Joints drehen und lustige Bilder zeichnen. Wir vermissten uns zu Tode, wir stritten uns bis aufs Blut, weil das wahre Liebe ist, mit 19. Alle Gefühle waren damals so groß, die guten wie die schlechten. Ich fühlte mich so einzigartig und allein in meiner Traurigkeit und Einsamkeit, als hätte ich sie persönlich erfunden. Aber anscheinend waren sie am Anfang des 20. Jahrhunderts nicht sehr anders.
Am 27. Februar 1906 schrieb Raisa:

Lieber Freund,
ich versuche in Worte zu fassen, was meine Seele aufwühlt, aber es ist unmöglich, es in Buchstaben zu zwängen. Eine furchtbare Sehn-

sucht nimmt immer mehr Besitz von mir, schnürt mir die Kehle zu und macht es unmöglich zu atmen.
Ich fühle mich so einsam. Manchmal glaube ich, es gibt keinen Menschen, der unglücklicher ist als ich. Ich glaube, ich verliere meinen Verstand. Abends irre ich auf den unbekannten Straßen von Newark umher und denke, dass ich alles dafür geben würde, um zurück in Grodno zu sein, um wieder lieben zu können wie ein Kind, als allein Deine Briefe genug waren, mich glücklich zu machen.
Verzeih, dass ich Deinen Kopf mit solchem Unsinn verstopfe, aber ich muss einfach jemandem schreiben. Oh! Verstehst Du dieses Verlangen zu reden, zu reden und zu reden, weil man Angst vor der Stille hat?
Bitte verzeih diesen egoistischen Brief. Ich hoffe, Du bist mir nicht gram und wenn ja, ist es mir egal. Das wäre nur ein weiterer Beweis, dass Du mich nicht verstehst, wie so viele andere.

Draußen schlägt die Uhr drei Mal. Die einzigen hellen Fenster leuchten elektronikblau. Irgendwo arbeiten die Menschen noch, gucken Serien, bohren in der Nase oder schlafen miteinander, im Schimmer ihrer Laptops, umringt von den Tausenden Menschen, die darin leben. Ich trinke meine dritte Tasse Kaffee. Die Lider sind schwer, aber das Übersetzen geht schneller voran, weil ich mich an die Schrift gewöhnt habe.
Im April 1906 zieht Yakov nach New York. In der Kiste liegt eine Ansichtskarte des Dampfers »Kronland«, den er in Antwerpen bestieg. Laut dem Passagierverzeichnis des Schiffs war er 19 Jahre alt und führte kein Geld mit sich. Er war weder ein Polygamist, noch ein Anarchist, bei guter psychischer und physischer Gesundheit und weder deformiert noch verkrüppelt. Die Spalte für »Nationalität« besagt: russisch, die für »Beruf«: Polsterer, die für »Rasse«: jüdisch.

Jetzt ist es Yakov, der Briefe mit russischen Stempeln bekommt. Einige von ihnen handeln von Pogromen gegen Juden in Nachbarstädtchen, einige sind voller Fragen über Amerika und über Yakovs Arbeit in der Fabrik. Andere sind schlichte Postkarten, mit zwei oder drei Sätzen, die sich nach dem Wohlbefinden erkundigen. Auf einer Postkarte ist Zamkovaja Uliza abgebildet, die Schlossstraße – Yakovs alte Adresse in Grodno. Kopfsteinpflaster, eine Pferdekutsche, im Hintergrund ein Feuerwachturm. Heute ist Grodno ein Städtchen mit gut 300 000 Einwohnern in Weißrussland, unweit der polnischen Grenze. 1907 lebten etwa 50 000 Menschen in Grodno, cirka 25 000 von ihnen Juden. Google Maps braucht nur wenige Sekunden, um mich zur Zamkovaja Uliza zu bringen: Ich spaziere durch die virtuellen Straßen und klicke mich durch die Fotos, die dazu hochgeladen wurden. Die Feuerwache steht noch. Die geschwungenen Balkone aus Gusseisen sind noch da. Ein schmutzig-roter PKW parkt vor einem Haus mit altertümlich hohen Fenstern.

Unweit davon markiert eine Gedenktafel den Eingang zum Ghetto, das 1941 errichtet wurde. Sie ist den 25 000 Juden aus Grodno gewidmet, die während des Zweiten Weltkrieges ermordet wurden. Das Ghetto von Grodno wurde im Frühling 1943 geräumt. Der Großteil wurde in die Vernichtungslager in Auschwitz und Treblinka abgeführt. Vermutlich wären unter ihnen auch Yakov und Raisa gewesen, wären sie in ihrer Heimatstadt geblieben.

Die Briefe zwischen ihnen hören nicht auf, nachdem Yakov nach Newark gezogen ist, aber sie werden kürzer. Oft geht es darum, wo sie sich verabreden können. Meistens sehen sie sich wohl im Haus von Yakovs Schwester.

So romantisch wie ich Liebesbriefe finde – Alltagskommunikation auf Papier kann ich mir nicht vorstellen. Wie hat man

Freunde zu Partys eingeladen, bevor es E-Mail und Facebook gab? Wie haben sich Verliebte vor dem Schlafengehen Gute Nacht gewünscht? Wie haben sie sich gestritten, wenn zwischen den Anschuldigungen Wochen vergingen?
Tagelang auf einen Brief zu warten wenn man sich verkracht hat, muss so schmerzhaft sein wie ein Messer, das sich langsam in der Wunde dreht. SMS-Flatrates und Chats sind Kalaschnikows der Streite. Als ich 19 war, tippten sich Worte schneller, als die Gedanken hinterherkamen. P. und ich stritten über den Kommunismus; darüber, wer wen nicht genug anrief; wessen E-Mails zu kurz waren; wer dieser Kerl gewesen ist, mit dem ich neulich wandern war, als er anrief; und warum war er nach ein Uhr nachts im Kino?
Als ich im September 2006 nach meinem Auslandsjahr zurück nach Deutschland kam, stritten wir weiter. Wahrscheinlich sollte der Krach auch unsere Abschiedsworte übertönen. Ich brauchte noch ein Jahr, um mit der Schule fertig zu werden. P. beschloss, sein Abi nachzuholen und musste ein Jahr länger als ich in Ulm bleiben. Was danach kommen würde, wussten wir nicht. Sollte ich in der Nähe von Ulm studieren? Sollte er in meine Studienstadt nachkommen? Ein paar Mal fiel das Wort »Trennung«. Ich weinte. Er rauchte. Wir machten Schluss. Wir haben anderthalb Jahre durchgehalten.
Der letzte Brief von Raisa, bevor die Kommunikation für über zehn Jahre abreißt, ist von 1914, acht Jahre nach dem ersten Umschlag. Die Buchstaben stolpern über das Blatt. Die konfusen Worte und Fehler sehen der sonst so sorgfältigen Raisa sehr unähnlich:

Lieber Yakov,

ich beantworte Deinen Brief so schnell, wie ich kann. Du verlangst eine endgültige Antwort, aber die kann ich Dir nicht geben. Ich kann Dir nur so viel sagen: Bitte verschiebe Deine Verlobung noch ein bisschen. Ich würde Dich gern vorher sehen und mit Dir sprechen. Ich flehe Dich an.
Vielleicht, wenn wir uns endlich gegenseitig unsere Herzen ausschütten, werden wir einander besser verstehen. Und wer weiß, vielleicht werden wir unseren Lebensweg zusammen beschreiten. Erinnerst Du Dich an diesen Abend im Stadtpark von Grodno? Warum sollten wir nicht unser Leben miteinander verbringen?
Ich sage Dir nochmal: Ich muss Dich sehen. Kannst Du zu mir kommen? Sonntag? Schreibe mir. Komm her, um mich zu sehen! Ich muss Dich sehen.
Wenn Du willst, komme ich zum Haus Deiner Schwester. Es dürfte niemandem verdächtig erscheinen, wenn Du Deine Schwester besuchst. Wirklich, was spricht gegen einen Familienbesuch?
Schreibe mir, sobald Du diesen Brief bekommst, sodass ich Deine Antwort am Samstag bekomme.
Ich will Dich vor Deiner Verlobung sehen und, wer weiß, vielleicht sollten es wir beide sein, die sich verloben.
Deine Dir ergebene Raisa

Hat Yakov diesen Brief rechtzeitig bekommen? Wartete Raisa vergeblich auf ihn am Bahnhof? Solche Tragödien sind in Zeiten der Überallerreichbarkeit kaum vorstellbar. Heute hätte Julia Romeo wahrscheinlich eine SMS geschickt: »Nehme jetzt ein Fake-Gift :) C u in drei Stunden, <3 u«
Vielleicht hatte der Postbote den Brief nicht rechtzeitig gebracht. Vielleicht haben sich Raisa und Yakov tatsächlich ausgespro-

chen und beschlossen, sich zu trennen. Die einzige Sache, die ich mit Sicherheit weiß, ist, dass die Frau im weißen Kleid auf Yakovs Hochzeitsfoto nicht Raisa ist.

P. und ich können weder das Schicksal noch den Zufall für das Ende unserer Beziehung verantwortlich machen, nur uns selbst. Er fuhr mich nach Hause mit meiner Zahnbürste und einer Kiste Klamotten. Vor meiner Haustür saßen wir noch lange im Auto. Der Motor lief, und die Wände des Autos schienen zu atmen, als säßen wir in einem riesigen Bauch.

»Na, dann …«, sagte ich.

»Ja, dann …«, sagte er.

Sein Auto fuhr ab, und in nächster Sekunde schloss sich das Leben wieder zum Ganzen, so wie sich Wasser schließt, wenn man einen Stein reinwirft. Und das war der gruseligste Part – zu verstehen, dass ein Mensch jetzt »Vergangenheit« ist und die Gegenwart einfach weitergeht. Was sollte sie denn auch sonst tun?

Ich ging ins Haus, machte Schiffchen aus Zeichnungen, die P. mir geschenkt hatte und versenkte sie in der Badewanne. Ich trank Erdbeersekt und hörte Sonic Youth. Weil genau das Liebeskummer ist, mit 19.

Draußen wird es langsam hell, aber ich bin immer noch hellwach. Ich klicke mich noch mal durch die Fotos von P. und mir: die grinsenden Schnuten, die lässigen Zigaretten im Mundwinkel. Es gibt natürlich kein einziges Foto von verheulten Gesichtern und aufgelösten Papierschiffchen. Ist es nicht seltsam, dass der ganze Haufen Dateien, den wir voneinander haben, kein akkurateres Bild von der Realität abgibt als fünf Bilder von Yakov und Raisa? Wir haben Erinnerungsdateien, die nie vergilben, nie verwittern, nie verblassen und trotzdem nicht die Wahrheit erzählen.

Nachdem ich die Zeichnungen versenkt hatte und den Rest weggeschmissen, blieb nichts Physisches von P. übrig. Es gibt nichts, was unsere Urenkel einem unbekannten Mädchen zum Übersetzen geben könnten. Als hätte er nie in meinem Leben existiert – und ich nicht in seinem.
Natürlich könnte ich einen Brief schreiben: Papier, Tinte, Briefmarke, den Kleberand ansabbern.
Aber das scheint plötzlich aufgeblasen und anachronistisch. Ich kann mir nicht vorstellen, wie man so ein wichtiges Ding ohne CTRL+C, CTRL+V und Rechtschreibprüfung verfassen soll. Und außerdem weiß ich ganz genau, dass mein lodernder Enthusiasmus, bis ich eine Briefmarke gekauft habe, von kühler Alltagsbrühe erstickt wird.

Lieber P.,
die Gründe, warum ich Dir schreibe, sind eine Mischung aus niederen und ehrenvollen. Niedere, weil ich hören will, dass Du mich nicht vergessen hast. Ehrenvolle, weil ich die Zeit mit Dir nicht vergessen will.
Jemand Schlaues hat einmal gesagt: »Wir sind die Summe aller Menschen, die wir jemals getroffen haben.« Du bist ein bisschen ich, ich ein bisschen Du, unabhängig davon, ob wir wissen, an welchem Ende der Welt wir gerade sind.
Vielleicht trägst Du Krawatten. Vielleicht hast Du ein Bäuchlein. Wer weiß, vielleicht hast Du schon eine Frau.
Bitte verstehe mich nicht falsch. Ich will nicht, dass Du mir die letzten sechs Jahre Deines Lebens in einer Facebook-Nachricht zusammenfasst. Ich will keine Geburtstagsglückwünsche. Eigentlich wollte ich Dir nur sagen, dass ich an Dich denke.

Es ist nicht so einfach, P. bei Facebook zu finden. Aber wie wohl jeder in meiner Generation bin ich ein fähiger und ausdauernder Stalker. Nach einer Stunde habe ich ihn in der Freundesliste eines alten Freundes aufgespürt. Seine Privateinstellungen sind so eingestellt, dass kein Fremder seinen Beruf und seine Interessen sieht, sein Name ist fast zur Unkenntlichkeit zerhäckselt, das Profilbild eine Schneelandschaft. Aber ich bin mir recht sicher, dass er das ist.

Es ist acht Uhr morgens. Die Vögel zwitschern im Chor mit dem Piepen von GChat und Skype. Meine tausendnochwas Freunde wachen langsam auf, posten die erste smarte Zeile des Tages auf Facebook, teilen Artikel von Postillon und Bilder von Grumpy Cat. Kathrin K. ist in einer Beziehung mit Robert. 18 Leuten gefällt das. Mar K ist mit Susi Vi verlobt. 41 Leuten gefällt das. Lisa Peters ist Single und erntet dafür acht Daumen. Jemand postet ein Foto der Sonne (»Uiii, Sonne«), die gerade durch das Fenster scheint, und noch nie wurde mir so klar, dass wir uns durch Technologie möglicherweise weniger allein fühlen, aber sicher nicht weniger einsam.

Und vielleicht wird das Wort Exfreund durch Facebook eine ganz andere Bedeutung bekommen. Der Exfreund ist nicht mehr der Mensch, mit dem man einst Herz und Bett teilte. Ein Exfreund ist heute ein postmarkengroßes Bild, das man prokrastinierend anklickt, auf der Suche nach Anzeichen von körperlichem Verfall. Und um zu sehen, zu welcher Sorte Mensch seine neue Freundin gehört. (Um zu sehen, was sie mit Freunden teilt, sende ich ihr eine Freundschaftsanfrage.) Es ist kein echtes Interesse, es ist Langeweile gepaart mit Neugier, die selten über einen Blick ins digitale Fotoalbum hinausgeht.

Vielleicht haben wir dieselben Sorgen wie junge Leute vor 100 Jahren, oder vor 1000: Wir haben Liebeskummer und fühlen uns von niemandem verstanden, wir starren auf unser Smartphone oder den Briefkasten, in Erwartung, dass das Objekt der Begierde zurückschreibt. Die Liebe wird es geben, solange es Menschen gibt. Egal, ob von Haut zu Haut, auf Briefpapier oder in Bits und Bytes, verkümmert zu <3, von unseren iPhone-Kameras bis auf die letzte Pore ausgeleuchtet. Die Liebe wird überleben, weil sie tief in unser Gehirn eingeschraubt ist. Aber was geschieht mit Erinnerungen? Ich stelle mir Kinder vor, die Kilometer und Kilometer von ausgedruckten Timelines in Museen ansehen, ein Logbuch unseres Lebens, das keinen Raum für Fantasie lässt und dabei alles so unfassbar falsch darstellt.

Will ich P.s photogeshopptes Leben sehen? Ich denke an meine Exfreunde, die gerade irgendwo sitzen, umringt von neuester Technik und dem ältesten Shit vom Flohmarkt, und auf eine postmarkengroße Repräsentation von mir klicken, diese destillierte Version von mir, eingeteilt in die Kategorien Wohnort, Beruf, Musik, Film und Anzahl der Freunde. Das Gedächtnis ist ein viel gnädigeres Medium als Facebook. Es streicht die Ecken glatt, legt einen sanften Filter des Vergessens über die Erinnerungen, der trotzdem akkurater ist als die gelegentlichen witzigen Status-Updates und die Urlaubsfotoalben auf Facebook. Das Gedächtnis schreibt unsere Liebesgeschichten auf Papier, das vergilbt, mit Tinte, die verblasst und dadurch irgendwie echter wird, realer.

Ich gucke mir noch mal die Schneelandschaft an, hinter der sich meine alte Liebe verbirgt.

Und dann klappe ich den Laptop zu, bevor ich eine Freundschaftsanfrage verschicken kann.

Ein verlassenes Riesenrad
dreht sich im Wind.

Bauhaus – dafür ist
Deutschland berühmt.

Weniger berühmt ist
Deutschland für seine
Strände – hier der Elbstrand.

Deutschland

Wer hätte gedacht, dass man auf Reisen den deutschen Grauhimmel vermisst?

Deutschland

FAKTEN

Einwohner: 81,89 Millionen (2012)
BIP pro Kopf: 41.514,17 USD
Scheidungsrate: 50 Prozent
Geburtenrate: 1,4 Kinder pro Frau
Heiratsalter: Frauen: 31,7, Männer: 34,1 (2011)

Kosenamen

Laut einer Umfrage des Marktforschungsinstituts Innofact (2013) bevorzugen 38 Prozent der Deutschen den Kosenamen »Schatz«, 10 Prozent wählen eine Verniedlichungsform des Namens und 8 Prozent »Hase«.
13 Prozent können Kosenamen nichts abgewinnen.
Edmund Stoiber nennt seine Frau Karin liebevoll »Muschi«.

Unübersetzbare Ausdrücke

Geborgenheit: Nur wenige andere Sprachen kennen eine Entsprechung für dieses Wohlgefühl der Nähe.

Liebesweisheiten

Alter schützt vor Liebe nicht, aber Liebe vor dem Altern.
Gelegenheit macht Liebe.
Tugenden muss man achten, Untugenden kann man lieben.
»Es muss von Herzen kommen, was auf Herzen wirken soll.«
Johann Wolfgang von Goethe

Klaus sitzt auf Uwes Schoß.

Berlin: Klaus und Uwe – das Glück neu vermessen

Über ein Jahr ist seit meiner Reise vergangen. Ich habe Sommerferien, sitze am Schreibtisch meines Freundes in Berlin und schreibe dieses Buch zu Ende. Wir sind immer noch zusammen, wir haben immer noch ein gemeinsames Klingelschild.

Er hatte recht: Die Liebe aus der Nahperspektive ist nicht weniger spannend als die in den fernen Ländern. Aber natürlich kann ich nicht aufhören, Liebesgeschichten zu sammeln.

»Du musst ihn treffen! Das ist die schönste Liebesgeschichte, die ich kenne«, sagt eine Freundin, in die ich auf der Straße hineinrenne. Und natürlich kann ich es nicht lassen, den Mann zu besuchen, der sich hinter einer solchen Ankündigung verbirgt.

Glatt wie ein iPhone-Bildschirm sind die Böden in der Wohnung, die sich hinter dem Klingelknopf »Timm« befindet. Keine Schwelle, keine Kerbe soll Klaus zusätzlich daran erinnern, dass er jetzt im Rollstuhl sitzt, wenn er in sein neues Zuhause einzieht. Den Umzug hat Uwe allein gemeistert. Die Möbel stehen schon. Die Küchenutensilien hängen, auch wenn Klaus seit diesem Tag im Dezember 2012 nicht mehr kocht. Nur in einem Zimmer stapeln sich noch die Kisten. Wenn Uwe zwischen den Krankenhausbesuchen Zeit findet, packt er eine von ihnen aus: Bücher, Fotos, Schuhe, Besteck. 36 Jahre gemeinsames Leben.

Der Rest ist aufgeräumt. Aufgeräumt und still. »Seine Stimme fehlt mir am meisten«, sagt Uwe.
Am 17. Juni 1977 hat er diese Stimme zum ersten Mal gehört, das Datum ist für immer in Uwes Gedächtnis tätowiert, genau wie der 7. Dezember 2012, als er Klaus in einer Pfütze von Blut und Erbrochenem fand. Da hörte er seine Stimme zum letzten Mal ohne ein Sprachgerät.
1977 war Uwe 22, Lehramtsstudent, glücklich: Es war Sommer, er war in Berlin – ein Kindheitstraum. Seit er 14 war, hatte Uwe in den Sommerferien vier Wochen im Kaufhaus in Bochum gearbeitet, um die restlichen zwei hier zu verbringen. Westberlin, das war damals eingezäunte Freiheit: Schwulenbars, Asti Spumante, Demos. Auf Hauspartys konnte man Männer Händchen halten sehen.
In diesem Juni 1977 hat die evangelische Kirche zum ersten Mal einen Homo-Infostand bei ihrem Kirchentag genehmigt. Das wollte Uwe mit eigenen Augen sehen. Als er ankam, hatte er aber nur Augen für einen schlanken Mann mit dunklem Wuschelkopf. Ernst war er. Einer, der nur dann etwas sagte, wenn er was zu sagen hatte. Er war fünf Jahre älter als Uwe und waschechter Berliner. Klaus nannten ihn die einen, Timmy die anderen.
Nach dem Kirchentag gingen alle zum Athener Grill und spazierten dann um den Halensee herum. Uwe sagte kaum etwas. Er war zu konzentriert, nicht über seine brandneuen Clogs zu stolpern und diese wundersame Stimme aufzusaugen. Um vier Uhr quetschten sich alle in den Nachtbus – alle, außer dem einen, den sich Uwe am meisten dort wünschte.
Am nächsten Nachmittag wachte Uwe frustriert auf. Er hatte mit ihm kein Wort geredet, geschweige denn die Nummern ausgetauscht. Wie konnte man jemanden aufspüren, dessen Vornamen man nicht einmal sicher kannte? Dann ging ihm ein

Licht auf: Natürlich! Timmy muss eine Abwandlung von Klaus' Nachnamen sein! Er beschloss alle Klaus Timme im Telefonbuch durchzutelefonieren, und alle Tim Klause. Wenn es sein muss das gesamte Telefonbuch!
Schon beim dritten Versuch war diese wunderbare Stimme dran. Vor Schreck legte Uwe sofort auf. Nie, nie würde er den Mut finden, tatsächlich mit ihm zu telefonieren! Nach einigem guten Zureden einer Freundin schaffte er es doch. »Willst du mit mir zu Abend essen?«, fragte er. Am anderen Ende der Leitung sangen Abba: »I do, I do, I do.«
Wann sie sich zum ersten Mal küssten, daran erinnert Uwe sich nicht mehr. Aber er weiß noch genau, dass er jahrelang nicht glauben konnte, dass er Klaus' Stimme nun täglich zu hören bekam. Klaus engagierte sich in der Schwulenbewegung und übte zu Hause oft Vorträge ein. Uwe machte einfach die Augen zu und lauschte. Die Fotos von ihren Anfangstagen könnten Instagram-Bilder von heute sein: Zwei dürre Männer mit lockigen Matten, engen Jeans, Karohemden. Klaus sitzt auf Uwes Schoß, die eine Hand um seine Schulter gelegt, mit der anderen hält er seine Hand. Klaus und Uwe beim Essen. Klaus und Uwe eng umschlungen.
Aber das war selbst im liberalen Berlin nur unter Dächern von Freunden möglich, in Schwulenkneipen, als Statement auf einer Demo.
Uwes Mutter rastete aus, als sie in seiner weitergeleiteten Post einen Liebesbrief fand. Sie war so garstig zu ihm, dass er noch in der gleichen Nacht zurück von Bochum nach Berlin fuhr. Sein Vater, ein ukrainischer Zwangsarbeiter, der nach 1945 in Deutschland geblieben war, sagte nur: »Das kenne ich aus Lagern. Und die Männer haben sich wirklich geliebt.«
Jahrelang machte Uwes Mutter ihm die Hölle heiß, jahrelang sagte er: »Ohne Klaus komme ich nicht nach Hause.« Unterstüt-

zung kam oft überraschend: die Tante, die Klaus und Uwe als ihre Erben einsetzte zum Beispiel, oder ihre ersten Vermieter. Als Uwe und Klaus 1979 beschlossen, in eine gemeinsame Wohnung zu ziehen, war geeigneter Wohnraum härter umkämpft als leere Pfandflaschen am Kottbuser Tor. Und für ein schwules Paar war es erst recht schwierig.

Um Mitternacht stellte sich der eine in die Schlange für die Zeitung mit Wohnungsanzeigen, der andere nahm eine Telefonzelle in Beschlag. Weil das nicht klappte, schrieben sie stapelweise schriftliche Bewerbungen, die Vornamen und Berufe mit einem Buchstaben abgekürzt. »Sonderschullehr. und Verw. Ang. suchen Wohnung« – damit man nicht auf den ersten Blick sah, dass es sich um zwei Männer handelte. Letztendlich haben sie Obdach bei einem uralten Paar gefunden: »Er war 80, sie war in ihren Siebzigern – und von Hunderten Bewerbern haben sie eine Wohnung mit nur einem Bett an zwei Männer vermietet.«

Es folgten viele Wohnungen, Umzüge, Urlaube, Tausende gemeinsame Nächte, eine Trennung, eine Wiederkehr. Man rieb sich aneinander, passte sich an. Der ruhige Klaus tanzte mal durch die Wohnung. Uwe lernte, wann es besser ist, die Klappe zu halten. Der eine sprach bei Mahlzeiten zu wenig, der andere zu viel, also schaute man die Berliner Abendschau. Klaus ist Uwe zuliebe zum ersten Mal ins Ausland gefahren, Uwe Klaus zuliebe in ein Häuschen ins Grüne gezogen.

Eines Tages ist Klaus aufs Standesamt gegangen, zu Recherchezwecken, sagte er, und kam mit Ehe-Papieren nach Hause. »Ich war immer der Romantische von uns beiden gewesen. Aber mit 50 träumte ich nicht mehr von Hochzeitsglocken«, erzählt Uwe. Auf dem Standesamt waren sie zu viert: Uwe, Klaus und zwei Trauzeugen.

Es hätte für immer so weitergehen können: Haus, Garten, Ehemann, stilles Glück. Wenn die Ader nicht geplatzt wäre.
Am 7. Dezember 2012 war Uwe mit Klaus im Haus seiner Mutter verabredet. Der war inzwischen längst zum geliebten Schwiegersohn geworden, der Uwes Mutter nach einer verhunzten Operation in Berlin betreute. Als Klaus nicht kam, machte sich Uwe zunächst keine Gedanken. Krank war Klaus nie, abgesehen von ein paar Migräneanfällen, verschusselt dagegen schon. Könnte sein, dass er auf ihn an der S-Bahn-Haltestelle wartete, oder zu Hause. Erst als Uwe das gemeinsame Haus sah, dunkel, aber mit hochgezogenen Rollläden, wurde ihm mulmig.
Zuerst dachte er, Klaus sei tot. Er lag in einer Pfütze aus Kotze und Blut, wie eine Marionette, deren Fäden man abgeschnitten hatte. Uwe schaufelte das Erbrochene aus Klaus' Mund, prüfte, ob er noch atmete, und rief die Feuerwehr. Zum Glück stellte der Notarzt sofort die richtige Diagnose: In Klaus' Kopf war ein Aneurysma geplatzt – eine angeborene Aussackung in einer Arterie, die bei Belastung aufreißen kann. Vielleicht ist sie aufgrund von Bluthochdruck gerissen, dann verlor Klaus das Bewusstsein und schlug sich den Kopf auf. Vielleicht war es andersrum. Wie lange lag er schon so da? Keiner weiß das.
Im Koma lag er zweieinhalb Monate. »Viel Hoffnung haben sie mir nicht gemacht«, erzählt Uwe. Er kam jeden Tag, hielt Klaus' Hand, sprach still mit ihm. »Die Beziehung zu jemandem ändert sich, wenn man im Kopf bereits seine Beerdigung planen muss«, sagt er. Vor dem Unfall haben sie Reisen auf die Kanaren geplant. »Nach dem 7. Dezember war es das größte Glück, dass er die Augen aufmachte und mich erkannte.«
Alles muss neu vermessen werden: die Zukunftspläne, die Vorstellung vom Glück, die Türen in der neuen Wohnung – damit

der Rollstuhl durchpasst. Im Dezember, ein Jahr nach dem Unglück, soll Klaus nach Hause kommen. »Er wird nicht wieder der Alte werden, aber vielleicht wird er eines Tages an meinem Arm spazieren.« Klaus' Stimme hört Uwe nur durch eine Sprechkanüle. Oft schauen sie sich einfach in die Augen – zehn, fünfzehn Minuten. »Das habe ich mir früher nicht vorstellen können – früher bin ich, der körperbetonte, häufig an ihm abgeprallt.«

Manchmal schläft Klaus aber auch einfach drei von den vier Stunden, die Uwe täglich bei ihm verbringt. »Durch den Unfall ist meine Liebe für Klaus noch tiefer geworden«, sagt Uwe. »Ich bleibe mit ihm zusammen, bis ans Ende seiner Tage.« Und auch danach: Uwe weiß auch schon, wo sie begraben werden. »Unseren 50. Jahrestag wollen wir aber noch feiern«, sagt Uwe. »Und dann … Ich habe keine Angst vor dem Tod. Wir haben beschlossen, noch 21 Jahre zu leben, frag mich nicht, warum ausgerechnet diese Zahl. Und dann zusammen ins Bett gehen und nicht mehr aufwachen.«

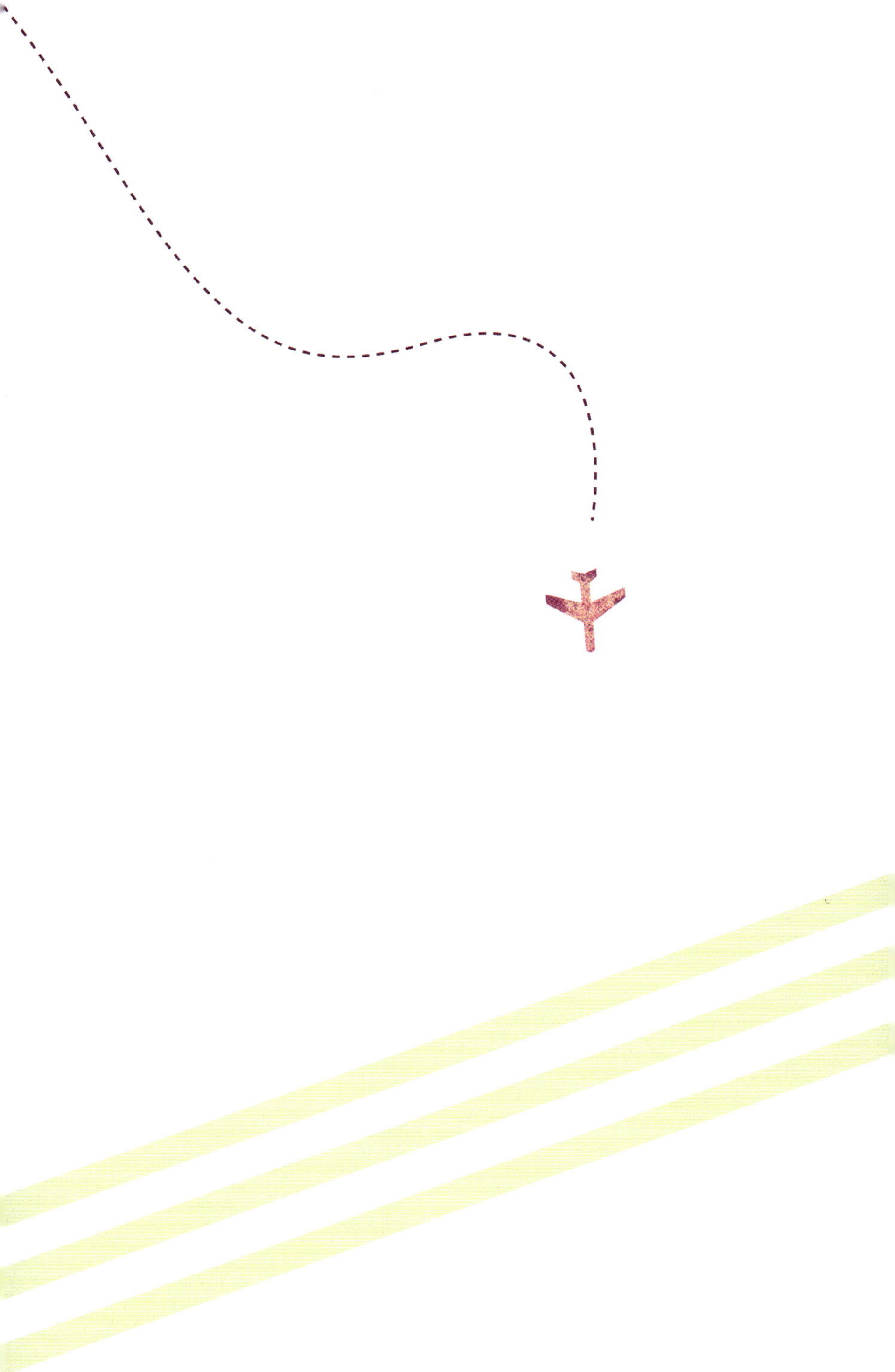

Und nun?

Immer meint man, sich durch eine Reise vollkommen verändert zu haben. Dass nichts mehr ist, wie es war. Aber hinter der Haustür wartet das alte Leben und hat dich mit der ersten Begrüßungsumarmung fest im Griff. In der Wohnung meines Freundes gibt es immer noch keine Gardinen. Die Routinen sind die gleichen. Eigentlich gibt es in Deutschland nicht viel Neues, außer einer neuen Joghurtsorte im Kühlregal und ein paar neuen Beziehungskonstellationen im Freundeskreis.

Alle fragen: »Wie war's?« Ich verschlucke mich an der Fülle von Geschichten, will jede einzelne mit dazugehörigen Fotos illustrieren. Sie hören eine Viertelstunde lang zu und sagen dann: »Hey, habe ich dir schon von dieser Hausparty letzten Samstag erzählt?« Und ich bin natürlich eingeschnappt, wenn sie nach dem sechzehnten der 160 Sonnenuntergangsfotos gähnen und sich nie die Namen der Paare merken können, von denen ich erzähle.

Von dem ganzen Liebesprojekt wollen die meisten letztendlich nur eines wissen:

»Und? Ist sie überall gleich?«

Puh. Schwierig. Es gibt kaum etwas, das überall auf der Welt so unterschiedlich und doch so ähnlich ist.

Einerseits ist die Liebe etwas, das eine siebzehnjährige Bauerntochter in Ägypten mit einem Schwulenpaar in Berlin gemeinsam hat. Überall auf der Welt schlagen Herzen beim Anblick dieses einen Menschen höher. Überall auf der Welt gibt es Liebeslieder, überall gibt es Liebeskummer. Andererseits wird ein iranisches Paar, das heimlich unter dem Tschador Händchen hält, die Liebe anders erleben als Oberschichtenbrasilianer, die sich auf einer Poolparty in knapper Bademode aneinander reiben.

Was Liebe, Sex und Heirat bedeuten, ist keineswegs überall gleich. Es ist nicht einmal in Deutschland gleich. Nicht einmal in meinem Freundeskreis. Nicht einmal zwischen zwei Menschen.

Auf meiner Reise habe ich gelernt, dass Liebe vieles sein kann: ein gemeinsames Zuhause; eine Wirtschaftsunion; eine Gratwanderung; ein Schwur vor Gott; Luxus; Protest; Verbrechen; eine Wassermelone, bei der man nie weiß, was drin ist; eine Entscheidung; ein Versprechen; ein Wunder; eine Gütertransaktion; unstillbares Verlangen; eine Brücke zwischen zwei Familien; eine Brücke zwischen zwei Kulturen; Privatsache; Elternsache; Voraussetzung fürs Kinderkriegen; Konsequenz des Kinderkriegens; Sternenstaub; gebügelte Hemden; Fischbuletten; ein Computeralgorithmus; sein eigenes Glück von jemand anders abhängig machen; eine ewige Erinnerung; die dreckigen Socken im Bad; die Zeit zwischen »ich dich auch« und »du mich auch«; der Sinn des Lebens; der größte Unsinn des Lebens.

Und keine der Versionen ist richtiger als die andere. Nicht überall auf der Welt suchen Menschen nach einem gleichberechtigten Partner, der ihr Selbst bereichert und offenbart. Nicht jeder kann sich Gleichberechtigung und Selbstverwirklichung leisten. Die Liebe, die aus romantischen Gefühlen angerührt ist, kommt vielen in anderen Ländern so abgefahren vor wie uns die Vorstellung, dass unsere Eltern unsere Partner aussuchen.

Verliebtheit ist so tief im Menschen verschraubt, dass es sie überall auf dem Planeten gibt. Nur ist sie nicht überall ein Handlungsimperativ. Viele halten die romantische Besessenheit des Westens für Wohlstandssorgen oder Wahnsinn. Und aus der Sicht von jemandem, der einen Partner braucht, um das tägliche Überleben zu sichern, scheint es das auch. Die Schriftstellerin Dossie Easton beschreibt unsere westliche Liebesvorstellung folgendermaßen: »Wenn zwei Menschen unter dem Einfluss der gewalttätigsten, verrücktesten, trügerischsten, vergänglichsten aller Leidenschaften stehen, müssen sie schwören, dass sie in diesem aufgeregten, abnormalen, erschöpfenden Zustand bleiben, bis der Tod sie scheidet.«

Etwa die Hälfte solcher Schwüre sind in Deutschland nicht von Dauer, und trotzdem versuchen wir es immer wieder aufs Neue. Wir sind davon überzeugt, dass unsere Version der Liebe die einzig richtige ist und bemitleiden alle, deren Liebe nicht so frei ist.

Dabei kommt »die westliche Liebe« vielen der Bemitleideten »hart« vor, weil man immer auf Probe zusammen ist; »nackt«, weil unsere Liebe nicht unbedingt finanzielle Absicherung bedeutet; »kapitalistisch«, weil alle immer danach schielen, ob man zurückbekommt, was man investiert. Manchen scheint sie sogar wie eine »optische Täuschung« – weil der Mensch, in den wir uns verliebt haben, sich selten als dieser herausstellt.

Ich halte es für absolut möglich, dass meine russische Oma oder eine Türkin in arrangierter Ehe glücklich mit ihrer Liebe sind – weil sie nicht erwarten, dass ihr Mann ihr bester Freund, ihr mystischer Vertrauter und sexy Frauenheld in Personalunion ist. Aber das heißt auch nicht, dass alle Probleme in Deutschland gelöst wären, wenn wir alle unsere Ansprüche herunterschraubten. Man kann die Liebe nicht außerhalb ihrer Umstände betrachten. Das wäre so, als würde man versuchen, eine Schildkröte aus ihrem Panzer herauszuoperieren. Der Panzer der

Kultur, in den man geboren wurde, ist ein Teil unserer Wirbelsäule.
Liebe gibt es überall. Liebe ist überall einzigartig: in jedem Land, in jeder Beziehung.

Glossar

Bādgir: Eine der ältesten Klimaanlagen der Welt, erfunden im Iran. Ein Bādgir ist ein Windfänger – ein Windturm mit Lüftungskanälen, der über das Dach eines Gebäudes hinausragt, das Haus kühl hält und es belüftet.

BIP: Das Bruttoinlandsprodukt (BIP) ist ein Maß für die wirtschaftliche Leistung eines Landes. Es ist der Gesamtwert aller Waren und Dienstleistungen, die dort innerhalb eines Jahres hergestellt und erbracht wurden. Das BIP pro Kopf ist das Bruttoinlandsprodukt geteilt durch die Anzahl der Einwohner eines Landes.

Cachaça: Brasilianischer Zuckerrohrschnaps.

Couchsurfing.org: Eine kommerzielle, aber kostenlose Seite. Das Gastfreundschaftsnetzwerk funktioniert ein bisschen wie eine Onlinedating-Seite. Um mitzumachen, muss man ein Profil erstellen, auf dem man sich beschreibt und auch ein Foto hochladen kann. Wer Besuch mag und einen Schlafplatz frei hat, bietet Gästezimmer/Couch/Flurboden zum Isomatte-Ausrollen an. Reisende browsen durch die Profile und schreiben potentielle Gastgeber an. Haben sich zwei gefunden, kann die Reise losgehen. Man kann sich aber auch einfach so treffen: auf einen Kaffee oder um die Stadt zu zeigen.

Doktorwurst: Eine Kochwurst mit niedrigem Fettgehalt, sehr beliebt in Ländern der ehemaligen Sowjetunion. Die Doktorwurst kam 1936 auf den Markt und war ursprünglich dazu gedacht, Menschen aufzupäppeln, die an den Folgen einer Hungersnot litten.

Gated Community: Ein geschlossener Wohnkomplex mit verschiedenen Arten von Zugangsbeschränkungen.

Goudje: Unreife, grüne Pflaumen, die Iraner mit Salz bestreuen und unaufhörlich essen, wie Kühe Gras.

Happy Ending: a) Das glückliche Ende eines Films. b) Das »glückliche Ende« zum Beispiel einer Massage, bei der der Kunde zum Schluss mit der Hand oder dem Mund befriedigt wird.

Lāleh-Park: Großer Erholungspark im Zentrum von Teheran, auf dem Gelände einer früheren Pferderennbahn.

Maghne'e: Ein kapuzenartiges Kopftuch, das die meisten iranischen Schülerinnen und Staatsdienerinnen tragen.

Manteau: Ein mantelartiges Oberteil im Iran, das Frauenkurven verhüllen soll.

Paykan: Ein sehr verbreitetes Mittelklasseauto im Iran. Die Technik basiert auf dem englischen Modell Hillman Hunter von 1966 basiert, seit 1967 wird es im Iran produziert. Paykan kommt vom persischen Wort für Pfeil.

MPB: Música Popular Brasileira, Popmusik aus Brasilien, mit Verbindung zur traditionellen brasilianischen Musik.

Pagode: So werden turmartigen Gebäude in Asien genannt, deren Stockwerke mit Dächern voneinander getrennt sind. Viele von ihnen dienen religiösen Zwecken. In Vietnam und Kambodscha werden Orte der Gottesverehrung »Pagoda« genannt.

Real (Plural: Reais): Brasilianische Währung, 3 Reais sind in etwa ein Euro.

Riel: Kambodschanische Währung, etwa 5500 Riel sind ein Euro.

Scheidungsrate: Gibt das Verhältnis zwischen Ehescheidungen und Eheschließungen in einem Jahr an oder aber die Zahl der Scheidungen im Verhältnis zur Zahl der Einwohner pro Jahr.

Sittenpolizei oder Religionspolizei: Offizielle Polizei in einigen islamischen Ländern, die im Auftrag des Staates und auf Grundlage der Scharia die Einhaltung religiöser Vorschriften überwacht und durchsetzt.

Tschador: Ein meist dunkler, formloser Umhang, der nur das Oval des Gesichts frei lässt. Er wird über der Kleidung getragen, meistens von konservativen Iranerinnen.

Wat: Eine Ansammlung von Gebäuden, die meistens einem religiösen Zweck dienen, umgeben von einer Mauer. In einem Dorf sind Wats die Mittelpunkte des sozialen Lebens. Das Wort wird in Kambodscha, Laos und Thailand gebraucht.

Zoroastrismus oder Zarathustrismus: Eine von Zarathustra gegründete Religion mit heute etwa 120 000 bis 150 000 Anhängern, die in Persien und im zentralasiatischen Raum entstanden ist und dort verbreitet war. Es gibt keine Gottesbilder im Zoroastrismus, dafür Feuertempel, in denen eine heilige Flamme als Symbol der Gottheit verehrt wird.

Anmerkung

Die Angaben zu Einwohnerzahlen und BIP pro Kopf wurden der Webseite der Weltbank (http://data.worldbank.org) entnommen. Die Geburtenraten entstammen dem Global Gender Gap Report 2013 (http://www.weforum.org/reports/global-gender-gap-report-2013). Das Heiratsalter wurde anhand einer Tabelle der United Nations, Department of Economic and Social Affairs recherchiert (http://www.un.org/en/development/desa/population/publications/dataset/marriage/wmd2012/MainFrame.html). Alle weiteren Daten - Scheidungsrate, Kosenamen, unübersetzbare Ausdrücke und Liebesweisheiten entstammen unterschiedlichen und teils länderspezifischen Quellen, etwa Artikeln deutscher oder ausländischer Medien, Foreneinträgen, sozialen Medien oder der Recherche der Autorin vor Ort. Insbesondere Koseworte und Liebesweisheiten konnten nicht allesamt überprüft werden, da nicht alle auffindbar waren, zum Teil sind unterschiedliche Versionen oder Umschriften im Umlauf. Der Faktencheck kann nicht vollständig sein, eine Gewähr für Korrektheit nicht gegeben werden, er entspricht dem Stand der möglichen Recherche zum Zeitpunkt der Manuskriptabgabe.

Danksagung

Ich möchte mich bei allen großartigen Menschen bedanken, die dieses Buch möglich gemacht haben. Menschen, die mir in fernen Ländern ein Dach über dem Kopf, Essen und warme Worte gaben. Menschen, wie Nadine Lipp und Judith Henke, die dieses Manuskript besser gemacht haben. Menschen, die mir Mut machten und einen Kaffee während der Nachtschichten.
Ein besonders großes Dankeschön geht an die Verliebten, die mir ihre Geschichte anvertrauten. Ich kann gut nachvollziehen, wie schwer es ist, sein Intimstes vor einer Fremden mit einem Schreibblock auszubreiten – um es später in einem Buch wiederzufinden. Ich habe mein Bestes getan, ihre Geschichte mit meinen eigenen Worten wiederzugeben und ich respektiere ihre Privatsphäre. Wann auch immer die Protagonisten darum baten, habe ich ihre Namen geändert. In Ländern mit strengen Sitten, wie zum Beispiel Iran und Ägypten, musste ich besonders vorsichtig sein, damit die Paare wegen ihrer Gastfreundschaft und Ehrlichkeit nicht in Schwierigkeiten mit dem Gesetz geraten.

Riesengroßen Dank an Euch alle!